印 顺 法 师 佛 学 著 作 系 列

宝积经讲记

释印顺 著

中华书局

图书在版编目（CIP）数据

宝积经讲记/释印顺著.—北京:中华书局,2011.4
(2023.9 重印)
(印顺法师佛学著作系列)
ISBN 978-7-101-07858-9

Ⅰ.宝… Ⅱ.释… Ⅲ.大乘-佛经-研究 Ⅳ.B942.1

中国版本图书馆 CIP 数据核字(2011)第 037039 号

经台湾财团法人印顺文教基金会授权出版

书　　名	宝积经讲记	
著　　者	释印顺	
丛 书 名	印顺法师佛学著作系列	
责任编辑	陈　平	
责任印制	陈丽娜	
出版发行	中华书局	
	（北京市丰台区太平桥西里 38 号　100073）	
	http://www.zhbc.com.cn	
	E-mail:zhbc@zhbc.com.cn	
印　　刷	北京协力旁普包装制品有限公司	
版　　次	2011 年 4 月第 1 版	
	2023 年 9 月第 4 次印刷	
规　　格	开本/880×1230 毫米　1/32	
	印张 6⅛　插页 2　字数 128 千字	
印　　数	6901-7800 册	
国际书号	ISBN 978-7-101-07858-9	
定　　价	30.00 元	

"印顺法师佛学著作系列"出版说明

释印顺(1906—2005)，当代佛学泰斗，博通三藏，著述宏富，对印度佛教、中国佛教的经典、制度、历史和思想作了全面深入的梳理、辨析与阐释，取得了一系列重要学术成果，成为汉语佛学研究的杰出典范。同时，他继承和发展了太虚法师的人生佛教思想，建立起自成一家之言的人间佛教思想体系，对二十世纪中叶以来汉传佛教的走向产生了深刻影响，受到佛教界和学术界的的高度重视。

经台湾印顺文教基金会授权，我局于2009年出版《印顺法师佛学著作全集》(23卷)，系统、全面地介绍了印顺法师的佛学研究成果和思想，受到学术界、佛教界的广泛欢迎。应读者要求，我局今推出"印顺法师佛学著作系列"，将印顺法师的佛学著作以单行本的形式逐一出版，以满足不同领域读者的研究和阅读需要。为方便学界引用，《全集》和"系列"所收各书页码完全一致。

"印顺法师佛学著作系列"的编辑出版以印顺文教基金会提供的台湾正闻出版社出版的印顺法师著作为底本，改繁体竖排为简体横排。以下就编辑原则、修订内容,以及与正闻版的区别等问题,略作说明。

编辑原则

编辑工作以尊重原著为第一原则,在此基础上作必要的编辑加工,以符合大陆的出版规范。

修订内容

由于原作是历年陆续出版的,各书编辑体例、编辑规范不一。我们对此作了适度统一,并订正了原版存在的一些疏漏讹误,主要包括以下几项:

1.原书讹误的订正:

正闻版的一些疏漏之处,如引文、纪年换算、人名、书名等,本版经仔细核查后予以改正。

2.标点符号的订正:

正闻版的标点符号使用不合大陆出版规范处甚多,本版作了较大幅度的订正。特别是正闻版对于各书中出现的经名、品名、书名、篇名,或以书名号标注,或以引号标注,或未加标注;本版则对书中出现的经名(有的书包括品名)、书名、篇名均以书名号标示,以方便读者。

3.梵巴文词汇的删削订正:

正闻版各册(特别是专书部分)大都在人名、地名、名相术语后一再重复标出梵文或巴利文原文,不合同类学术著作惯例,且影响流畅阅读。本版对梵巴文标注作了适度删削,同时根据《望月佛教大辞典》、平川彰《佛教汉梵大辞典》、获原云来《梵和大辞典》等工具书,订正了原版的某些拼写错误。

4.原书注释中参见作者其他相关著作之处颇多,为方便读者查找核对,本版各书所有互相参见之处,均分别标出正闻版和本版两种页码。

5.原书中有极少数文字不符合大陆通行的表述方式,征得著作权人同意,在不改变文义的前提下,略作删改。

印顺法师佛学著作对汉语佛学研究有极为深广的影响,同时在国际佛学界的影响也日益突出。我们希望"印顺法师佛学著作系列"的出版,有助于推进我国的佛教学以及相关学科的研究。

中华书局编辑部
二○一一年三月

目　　录

悬　论

一　《大宝积经》与《宝积经》

《大宝积经》,共一百二十卷,是唐代的菩提流志在武后神龙二年开译,到先天二年编译完成的。在中国佛教界,《宝积经》被称为五大部之一,有着崇高的地位。这部《大宝积经》共有四十九会,也就是四十九部经的纂集。虽然是菩提流志奉诏翻译,其实只能说是编译。因为四十九会当中,如古人翻译得很精确,就不再新译。如古译文义艰涩或者脱落,或者古人还没有译出的,这才加以翻译。所以现在的《大宝积经》,实是多数人翻译的编集。菩提流志新译的,凡二十七会;古师所译的,共二十二会。论卷数,菩提流志新译的,不过三分之一。只因为到菩提流志手中,大部才编集完成,所以一般说是菩提流志所译的。

本经为什么称为宝积？有人以为:《宝积经》是一部丛书,所以宝积是多种经典——法宝总集的意思。当然,《大宝积经》被作为多种经典的编集,在玄奘法师时代,早就如此了。据《慈恩传》说:奘师去世那一年元旦,曾因寺僧的劝请而试译《大宝积经》。但真正说起来，现在所要讲的《普明菩萨会》(《大宝积经》第四十三会，第一百十二卷)，才是原始的《宝积经》。而现在的《大宝积经》只是附合"宝积"二字，将四十九部不同的经典编集在一起而已。所以现在的四十九会，性质互不相同；既没有一贯的论题，也说不上前后的一定次第。《宝积经》四十九会，与《大般若经》十六会、《华严经》九会等，意义完全不同。

现在要讲的《大宝积经》的《普明菩萨会》是古典的《宝积经》(其余四十八会，是合编而才称为宝积的)，这可以从两点来说：

一、古代所说的《宝积经》，都是指本经说的：(一)本会内题"古大宝积经"。糅译于《大乘宝云经》中的，叫《宝积品》。(二)龙树《大智度论》(卷二八)引《宝顶经》，明菩萨初发心胜于二乘，就是此经，可知宝顶是宝积的异译。(三)魏菩提流支(或勒那摩提)译的《大宝积经论》四卷，传为世亲菩萨所造。依西藏所译，说是世亲弟子安慧菩萨造的。这部《大宝积经论》，就是本经——《普明菩萨会》的释论。

二、古代大乘圣者，是特别重视本经的：(一)中观大乘(空宗)的龙树菩萨，引用《宝顶经》，就是本经，这已在上面说过了。又如《大智度论》所说"声闻空如毛孔空；菩萨空如太虚空"，及《中观论》的"大圣说空法，为离诸见故"一偈，都是引用本经的。(二)瑜伽大乘(有宗)的弥勒菩萨，在《瑜伽论·摄抉择分》(卷七九、八〇)说菩萨正行十六事，就是本经的摩呾理迦。安慧的《大宝积经论》，是依此敷演而成的。又如《摄大乘论·所知相品》所说成就三十二法名为菩萨，以及唯识学者所传的十三种中道,都是依据本经的。特别是"宁起我见如须弥山,不起空见如芥子许"一语,为瑜伽大乘特别重视的金句。这样看来,印度大乘正统的空有二宗,一致重视本经——《宝积经》(《普明菩萨会》),可见本经的价值了。

二　古《宝积经》的翻译

本经现存的译本,共有四译:

一、后汉支娄迦谶译,《佛遗日摩尼宝经》,一卷。

二、晋失译,《佛说摩诃衍宝严经》(一名《大迦叶品》),一卷。

三、秦失译,《普明菩萨会》(《古大宝积经》),一卷——编入《大宝积经》第四十三会。

四、赵宋施护译,《大迦叶问大宝积正法经》,五卷。

此外,一、宋沮渠京声译的《佛说迦叶禁戒经》,实为本经兼说声闻道中正说一段之别译。二、梁曼陀罗仙共僧伽婆罗译的《大乘宝云经》,第七卷名《宝积品》,实是本经被编入《宝云经》的;《宝云经》的其他译本,并没有此品。

现在所讲的,是传为秦失译,本名《古大宝积经》而被编入大部,改名为《普明菩萨会》的。在十六国中,秦有三:一、前秦,国主姓苻,也称苻秦。二、后秦,国主姓姚,也称姚秦。三、西秦,国主姓乞伏,也叫乞伏秦。现本古人推断为秦失译,但不知是三秦的哪一秦,不过据译文来看,这是罗什来华以前的译品。

三　宝积的意义

本经的经题,古代的译者,或从人立名,如《大迦叶品》、《普明菩萨会》。或从法喻得名,如《大宝积经》、《宝顶经》、《摩诃衍宝严经》、《佛遗日摩尼宝经》。或从人法喻得名,如《大迦叶问大宝积正法经》。然据经文的"珍宝之积"、"宝积"、"宝严"来说,本经实应名"宝积"。古人或译为"宝顶",或译为"宝严",梵文都是 Ratnakūṭa。

什么叫宝积? 宝是譬喻,凡希有的、珍贵的、有妙用的,叫做宝。宝所喻的是法宝;宋译作"正法",也就是妙法。正法,是佛所证的,依此而觉悟成佛的。约圆满说,"唯佛与佛,乃能究竟诸法实相";如来的自证化他,是最清净的妙法(喻如白莲),如《法华经》所说。但是,菩萨也能分证妙法;二乘圣者,也同样的契证妙法,所以说"须陀洹初得法身"等。正法虽是本来如此的,但从实践而体悟来说,这是希有的、珍贵的、有妙用的。因为唯有信解这、随顺这、通达这,才能转迷启悟、超凡入圣,才能了生死,才能度众生,才能无边福德庄严,才能究竟成佛。这是不共世间的正法珍宝。本经与《金刚经》一样,"一切贤圣,皆以无为法而有差别",是依三乘共证的正法说。三乘圣者的体证正法,都不离无所得的中道。所以古人说:"无所得小,无所得大。"又说:"一切大乘经,同以无二显道为宗。乃至小乘经意,亦不外此。"

然本经的主要意趣,是宣说大乘行,着重在从加行位到通达

位。大乘的核心，是大菩提愿为本，大悲心为上首，空慧为方便
的。如本经所明的菩萨道，略分三段：一、修广大正行，重于菩提
愿。二、习甚深中观，重于空慧。三、作教化事业，重于大悲心。
综贯这三德而修行，才成为菩萨正道。依此来解释经题，可约宝
积、宝顶、宝严——三义来说。一、正法的珍宝，是依三德而证正
法。这是真实菩萨行，一定是广集无边福智功德珍宝的。如经
中说到真实菩萨，就说有"四大藏"、"摄诸善根"、"无量福德庄
严"。为了说明"菩萨福德无量无边"，用大地等十九种譬喻来
显示。所以菩萨的正法珍宝，是宝积；这是经题的本义。二、极
广大的，才能极崇高。如塔婆一样：塔基广大，又一层层地叠积
起来，才有高耸云空的塔顶。所以，由于正法珍宝的无边积集，
显出了菩萨体证正法的高超。如经说菩萨是真实佛子，绍隆佛
种；初发心菩萨，就已胜出声闻，为人天所礼敬。因为是宝积，所
以成宝顶。积是积集，积集了就崇高。《维摩诘经》有香积世
界，奘译作香台，台也就是高的意思。这与一般的好高骛远，说
心说悟，而不知平实的广积功德，是怎样的不同！三、这样的正
法，极广大而又极崇高，显出了正法的宏伟庄严，不同于小乘。
如塔的广大崇高，显出了宏伟而庄严一样。所以又称为宝严。
同一梵语，而古德三译不同，意义还是一贯的，相显相成的。梵
语摩诃，译为大，而含有多与胜二义。本经所说的正法珍宝，宝
积是众多义；宝顶是殊胜义；积而又顶的宝严，是大义。所以本
经也叫《大宝积经》。

四 《宝积经》的宗要

统观所有的大乘经,可以略分两大流:一、专为菩萨说,广明菩萨的大行与佛果的,如《华严经》等。二、为菩萨及声闻乘,大小兼畅而宗归于大乘的。这里面,有些是从观慧的修证来说,发明三乘同入一法性,大乘与小乘,都以无所得而入道。当然,也说到菩萨般若的方便善巧,不共二乘。有些是从广行来说,着重于菩萨的特胜;由于悲愿殊胜,智证也殊胜,这便有贬抑诃斥二乘的教说。有些是从菩提果德及因心来说,对二乘折摄兼施,而导归佛乘的。这些,虽然方便不同,各有特胜,但对于发菩提心、修菩萨行、趋无上菩提果的大乘宗要,是没有什么差别的。本经大体与《般若经》相近,说三乘都以无所得入道,所以是正明菩萨道、兼说声闻行的教典。

又一切大乘经,可以约境、行、果三义来分别。一、详于境的,有事境与理境。事境中,或详于三乘共的心境;或详于菩萨不共的心境,如说阿赖耶等。理境说一切法无性故空,空故不生灭的胜义谛。二、详于行的,或重于资粮行:菩萨发菩提心,广集无边福智资粮。广大的资粮中,如十善等,分同世间正行,而实是菩萨的要行。或重于慧悟行(从加行到见道位):广明般若的无所得行,如本经的如实中道正观。约无所得的悟入说,是分同二乘的。所以说"般若为母",不但是佛母,也是二乘圣者的生母。或重于如实行:这是悟后的大行,如《十地经》等所说,分同于佛陀的果德。三、详于果的,特详于如来的依正庄严、自利利他的德行圆满。依此三义来分别，本经是详行的，是重于资粮行及慧悟行的。

　　菩萨的修行，六度、四摄等都是。依遍通三乘行来说，宗要是戒定慧——三增上学。在三学中，本经是特重于戒慧的。这也许是继承佛陀根本教学的风格吧！《杂阿含经》（卷二四）说："当先净其戒，直其见，具足三业，然后修四念处。"佛法是不离世间的，要处世而做到自他和乐，非戒不可；戒行是基于慈悲的同情。佛法即世间而出世解脱，这非智慧的达妄契真不可。这二者，戒如足，慧如目。从自证说，这才能前进而深入；从利他说，这才能悲智相成，广度众生。假使不重戒慧而偏重禅定，不但有落入邪定、味定的可能；即使是正定，也会倾向于隐遁独善。当然，大乘广摄一切根机，也有独善风格的"声闻菩萨行"。但在利他为先的大乘法中，如本经的着重戒慧，才是更契当于菩萨道的精神。

　　戒律，本于慈悲的同情，不忍损害他而来。律仪戒中的别解脱，重于身语的止恶。但每一持戒的，都是可能违犯的，这一定要"所犯众罪，心不覆藏，向他发露，心无盖缠"。能随犯随忏，才能保持自心的无忧无悔，戒行清净。不过仅是身语的止恶，是不够的。戒——尸罗的意译为清凉，也重于自心的净除烦恼。释尊的略教诫说："诸恶莫作，众善奉行，自净其意，是诸佛教。"所以，意地的种种烦恼，戏论分别，如不能远离，不能算是真正的持戒清净。本经在兼说声闻行时，四沙门中的形服沙门、威仪欺诳沙门、贪求名闻沙门，不消说是不够清净的。四种持戒比丘中，说有我论的、我见不息的、怖畏一切法空的、见有所得的，总之,只要是执我执法的,无论怎样的持戒,都不能符合如来律行的本意。因为这样的持戒者,虽好像清净持戒,而终久——今生或后世要破坏戒法的。所以本经从一般的律仪戒说起,而深意在道共戒,如说:"诸圣所持戒行,无漏不系,不受三界,远离一切诸依止法。"这无漏相应的,圣智相应的戒行,本经在正明菩萨道中,也深切地说出:"无有持戒,亦无破戒。若无持戒无破戒者,是则无行亦无非行。若无有行无非行者,是则无心无心数法。若无有心心数法者,则无有业,亦无业报。若无有业无业报者,则无苦乐。若无苦乐,即是圣性。"不但圣者以此为体性,也是圣者以此为因性的(共三乘说为圣性。专约大乘说,就是佛性)。从慈悲不忍损他,到远离忆想分别,深入真空的戒行,为本经的要义之一。

　　现证慧——圣智、净智,是依定修观而成就的。本经说:"不以戒(律仪戒)为最,亦不贵三昧;过此二事已,修习于智慧。"又说:"依戒得三昧,三昧能修慧;依因所修慧,逮得于净智。"戒、定、慧的三学相资,次第修发;修定与修慧不同,本经都说得明白。智慧(般若),不是泛泛的知识,而是通达我空法空——空寂法性的圣智。这不但依戒、依定而修得;在慧学自身,也有修学次第,这就是依闻慧而起思慧,依思慧而进起修慧(与定相应的观慧,叫修慧),依修慧才能得现证的圣智。所以本经重智慧,也就重于多闻、修行。如说:"菩萨有四法得大智慧。何谓为四? 常尊重法,恭敬法师(这是自己乐意多闻);随所闻法,以清净心广为人说,不求一切名闻利养(这是乐意使他人多闻);知从多闻生于智慧,勤求不懈,如救头然(知多闻的功德而勤求）；闻经诵持，乐如说行，不随言说（这是由闻而思而修，不为文字所封蔽）。"本经说菩萨行，以"得大智慧"为第一要行；而说智慧从多闻生，明白地开示了慧学的进修次第。

"依因所修慧，能得于净智"，可见观慧的修习是极为重要的。本经广明如实的中道正观，即一切（我）法性空观。空（无相无愿无生灭等）是本性空，是中道，所以增减不得。有些人，取空著空，以为有空可得，这是增益了。这不但辜负了佛说空观的本意，反而著空成病。如以药除病，"药不出，其病转增"一样。龙树依据经义，所以在《中观论》上说："大圣说空法，为离诸见故；若复见有空，诸佛所不化。"一切是本性空的；众生著有，起种种见而流转生死，而一切法空，还是本来如此。由于"一切诸见，唯空能灭"，所以说空；灭诸戏论妄执，即显一切法本性空寂，并非别有空理可住可得。有些人著有成迷，怖畏法性空寂，不生不灭。佛说这些人，如怖畏虚空而想逃避虚空一样，这是减损了。其实，空是一切法性，虚空那样的遍于一切，有什么可怖畏，有什么可舍离的？想离空立有，真是"狂乱失心"了！龙树说："五百部闻毕竟空，如刀伤心"，就是这一类人。能于一切法性空，不增不减地如实观察，是引发真实圣智的方便。一切法本性空：以如幻性空的观心，观如幻性空的观境；心境并冥。经说如幻食幻的比喻，极为明白。观心是分别伺察，圣智是无分别智，依分别观怎么能引生无分别智呢？这如经上说："真实观故，生圣智慧；圣智生已，还烧实观。"要知道，如实观慧，是观一切法无自性空的。这虽是世俗的分别观察，但是顺于胜义的，观自性不可得的。所以这样的观慧，能引发无分别圣智。等到圣智现前,那如实空观也就不起了。唯有理解这个道理,才知观慧的必要,不致于落入一味息除分别的定窟。

本经以律仪戒而深入到道共戒;从闻慧、修慧而深入到现证慧。在法空性的现证中,戒智不二;也就是无漏戒定慧的具足。这可说是本经的宗要所在了。

正　释

甲一　序分

如是我闻：一时，佛在王舍城耆阇崛山中。与大比丘众八千人俱。菩萨摩诃萨万六千人，皆是阿惟越致，从诸佛土而来集会，悉皆一生当成无上正真大道。

以下正释经文。依一般释经的通例，分本经为三分：一序分，二正宗分，三流通分。序分中，一般有通序与别序。本经叙事简要，如《佛说阿弥陀经》一样，仅有通序，即如是我闻等；这是一切经典所共有的。约文体来说，这是佛经的特有体裁。是佛将涅槃时，告诉阿难，将来结集的佛经，应该说"如是我闻"等。约意义来说，"说时方人，为令人生信故"（《智度论》）。这部经，有时间、地点、说者与听法的大众，足见得信而有征，所以通序也叫做证信序。通序或分为六种成就，现在约五事来说：

一、"如是我闻"，指出所听闻的法门。意思说，这一法门，是我所听闻来的。我，是结集经典者——阿难的自称。我闻，或者是亲从佛闻，或者是从佛弟子展转传闻。阿难说我闻，表明了禀承佛说，而不是结集者的杜撰。所以在当初大众结集时，阿难宣说如是我闻,经大众一致审定,公认为佛说,含有一致无诤的意义。也就因此,古德解说为"文如义是"。下面的文句,与佛说一样的(如),不增不减。其中的意义,正确恰当(是),不偏不倒。通序本以证信为主要意义,所以首说如是我闻,即表示了确而可信:非杜撰,不错误,而为学者所可以信受奉行的法门。

二、"一时",是说法与听法的时间。说到时间,不但世间历法——年、月、日,种种不同;就是日夜,也不一定相同。如我们这里的时间与菲律宾马尼拉,就差了一点钟。佛法是一切世间的、全人类的佛法,并不限于印度一地,所以只泛说一时——法会始终那一段时间,而不说年、月、日、时。

三、"佛",是宣说法门的法主。佛的意义是觉者,为一切究竟大觉者的通称;但这里,专指释迦牟尼佛而说。释迦佛,是出现于我们这个世界的佛;是在这世界宣扬正法、救度众生的佛。为什么称为佛呢? 众生一直在生死中,怎么也不得解脱,症结在情。情是迷情,情识;有迷情的,称为有情,以迷情为本的有情,可说是盲目的活动,糊糊涂涂,颠颠倒倒,没有自主的苦乐升沉,怎么也不得自在解脱。佛法,是能使有情获得究竟解脱的;也就是转化情识本位而成为正觉本位的。对于宇宙人生的真实义,能如实地觉了;能依于正法,一切随智慧而行,得大解脱。所以佛法的特质,是般若、正觉。得"三菩提"(正觉)的,成就声闻与缘觉的圣果。得"阿耨多罗三藐三菩提"(无上正等觉)的,成就佛果。圣者的证入,虽有浅深的不同,而都是以正觉为本的。所以究竟圆满的大觉者,也就约自觉、觉他、觉行圆满的意义,而称之为佛。"佛为法本,佛为法根",法门的宣扬流通,都由佛而来。

　　四、"在王舍城耆阇崛山中",是佛说法,也是大众听法的地点。释迦佛出现于印度。中印度摩竭陀国的首都,叫王舍城;一向是国王的住处,所以叫王舍。当时,王舍城是印度文化、经济、政治的中心,所以佛也常在这里教化。王舍城有五山环绕,耆阇崛山即五山之一。梵语耆阇崛,意义是鹫峰,从形势得名。安静而并不太高,离城而并不太远,这是释迦佛常住说法的道场。

　　五、"与大比丘众八千人俱",以下是列同闻正法的大众。这又有二众:一、(小乘)声闻众,二、(大乘)菩萨众。声闻的学众,有在家的、出家的,而以出家的为主。出家众又有五众——比丘、比丘尼、沙弥、沙弥尼、式叉摩那尼,而以比丘为主导者。本经简略,所以但列比丘众为代表。梵语比丘,华语为乞士(男性),是"外乞食以资身,内乞法以资心";就是过着乞化生活,而专修佛法的出家者。比丘众同住在一起,叫俱。但这不只是群居,而是过着有纪律的(见和、利和、戒和)集体生活。在这听法的声闻众中,有凡有圣;圣众也有四果的差别;第四阿罗汉果有九种,其中得三明六通的俱解脱阿罗汉,为比丘中的大比丘。这样的大比丘就有八千人,可见参加法会的声闻众,人数是多极了!

　　"菩萨摩诃萨万六千人"以下,列菩萨众。梵语菩提萨埵,简译为菩萨,华语觉有情。梵语摩诃萨埵,简译为摩诃萨,华语为大有情(大士)。菩提,是佛的大菩提——无上正等觉。萨埵是勇心,是强毅勇猛的愿欲。凡发坚固的大菩提心,依菩萨道而勤勇进修的,就名为菩萨。从初发心到成佛,菩萨的阶位是不等的。高位的菩萨,如文殊、弥勒等,为菩萨中的大菩萨,所以叫菩萨摩诃萨。在这宝积大法会中,单是大乘众的领导者——菩萨摩诃萨,就有一万六千人!

叙列同闻的大众,集经者每每称赞听众的功德。本经简要,所以比丘众没有赞德,菩萨众也仅以三句来赞说。"皆是阿惟越致",指出了菩萨众的行位。阿惟越致,是阿毗跋致的旧译,华语为不退,就是"不退转于阿耨多罗三藐三菩提"。但不退有四类:一、信不退,在十信的第六心,对于大菩提的深信不疑,不会再退失了。二、位不退,在十住的第六住,不再会退证小乘的果证了。三、证不退,在十地的初地,证得甚深法性,一得永得,不会退失。四、行不退,在八地以上,清净心的德行进修,念念不断地向上,不再会退起染心或停滞不进了。以本经的菩萨摩诃萨来说,应该是行不退。

释迦佛出世时的印度,在家菩萨是少数的;出家菩萨更只是弥勒菩萨一人。所以宝积法会中的大菩萨们,都是"从诸佛土而来集会"的。十方的世界(佛土)无量,菩萨也无量;有些清净佛土,更是纯一的菩萨众。在释迦佛说法时,就有十方的菩萨们来会。这说明了佛是平等而不分彼此的。菩萨们的来会,除了供佛听法以外,还起着庄严法会、赞扬大乘及示范的教化作用。

这些大菩萨们,"悉皆一生当成无上正真大道"。无上正真大道(古来多译菩提为道),是无上正等觉(阿耨多罗三藐三菩提)的旧译。正觉,是通于声闻的。正等(普遍)觉,是通于菩萨的。究竟圆满的大觉,称为无上正等觉,是佛所圆证的大菩提。这些大菩萨,都再是一生,就要当来成佛,证得无上菩提。所以都是修证到邻近佛果，如弥勒一样的补处菩萨。

甲二　正宗分

乙一　正说菩萨道

丙一　修广大正行

丁一　辨菩萨行相

戊一　正行差别

####### 己一　得智慧

尔时，世尊告大迦叶：

本经的正宗分，分正说菩萨道、兼说声闻道二科。这说明了本经是以大乘为主，而大小兼畅的法门，代表正统的中期佛教。在菩萨道中，有修广大正行、习甚深中观、作教化事业三科。广大行与甚深观，是菩萨道自行的大纲；教化事业，是利他的大业。这三者，完满地开示了菩提的正道。如约修学阶位的偏重来说：修资粮以向加行位，重于福智资粮的广大积集。从加行以入见道，重于甚深中观的修证。从见道以趋修道位，重在利他的教化事业。修广大正行，也有辨菩萨行相、赞菩萨功德二科。辨菩萨行相，也分三，先说正行差别。总有八事，都以邪行正行，一反一正地对辨，以显示菩萨应行的种种正行。

"尔时"是佛在鹫峰，与大众共集，而要宣说宝积法门的时候。"世尊"，是佛的又一尊称。佛为究竟无上的大圣，是人间天上、一切世间所共尊仰的，所以又称为世尊。当时，佛"告大迦叶"说。佛为无量大众说法时，一定有一位或几位与佛问答

的当机者(受佛称赞或被佛呵斥)。这是代表大众的,代表大众
而请问,佛也就因对他说而告诉了大家。本经的当机者,是大迦
叶。迦叶是姓,华语为饮光。姓迦叶的佛弟子,不在少数,这位
被称为大迦叶的,是释尊门下了不起的大德。释尊涅槃后,大迦
叶主持了荼毗大典;又在王舍城的七叶窟,主持了佛典的第一结
集。大迦叶是佛涅槃后的领导者,所以有释尊付嘱迦叶传承正
法的传说。大迦叶头陀第一,生活精严,在崇尚苦行的东方印度
(耆那教与提婆达多的五法是道,都兴起于此),受到了大众的
崇仰。本经重于戒慧,所以操行精严的大迦叶,为本经的当机
者。还有,当时就近参与荼毗典礼的,以及出席结集法会的,主
要为王舍城、毗舍离一带的比丘,也就是大迦叶领导的一系。大
迦叶不曾能邀集全佛教界,集思广益,而举行少数的结集;连多
闻第一的阿难,也几乎被拒绝。这所以结集圆满时,就有富楼那
等提出异议,而种下了佛教学派分化的种子。在佛教的传弘中,
大迦叶领导的学系,重戒的、重定的,带有严重隐遁倾向的佛教,
被指为背弃释迦精神的小乘。本经不但开示大乘正法,也针对
重戒的、重定的比丘,而宣说声闻正法。以大迦叶为当机者,那
是最适当不过的了!

**"菩萨有四法,退失智慧。何谓为四?不尊重法,不敬法师。
所受深法,秘不说尽。有乐法者,为作留难,说诸因缘沮坏其
心。憍慢自高,卑下他人。迦叶!是为菩萨四法,退失智慧。**

　　佛为大迦叶说菩萨的正行差别,先说失智慧与得智慧。智
慧是佛法不共世间的特质,是解脱与成佛的根本。对于菩萨行
是非常重要的,所以首先提出来说。

"菩萨有四法,退失智慧";已有的尚且要退失,当然更不会增进了。四法为因,引起智慧的退失是果,有着因果的一定关系。因果是多种多样的,这里说的,主要约二类因果说。一、无论是善的恶的,久而久之,习以成性,一天天地增强。如常起贪心的,会贪心越来越大;起嗔心的,嗔心会越来越严重。如读书的,知识越来越丰富;好静的,习惯了会爱静恶动,过不惯烦嚣的生活。这不但今生,也影响到来生的性格、能力。这叫做等流因果。二、如布施的,使别人的生活获得充足,自己将来就能得富裕的果。伤害人、使人死(堕落恶道是异熟因果),来生为人时,会受到多病或夭寿的果。总之,使人苦恼,自己得苦恼;使人安乐,自己能安乐;障碍人的,自己也受人的障碍。这些,叫做增上因果(一般也叫做业报)。

哪四种邪行能退失智慧呢? 一、"不尊重法,不敬法师":法,是真理(理法;理法的实现即证法),是达到真理的正行(行法),表达这真理与正行的圣教(教法)。自己学法而又以法教化的,称为法师。法——真理、正行、圣教,从佛的大觉而宣扬出来。对学者来说,法是智慧的源泉。如不尊重法,不生希有难得心,不看作治病的良药、昏夜的明灯,而觉得没有什么了不得,与自己没有什么关系,那一定不会依法去信解修行。不进则退,也就会日渐愚痴了。不能尊重法,也就不会尊敬法师。法师也是人,不会是十全十美的。所以如不从正法的关系去尊敬他,就会挑剔一些不相关的事:相貌不端严呀,音声不洪亮呀……或说法师的某种不圆满:性急呀,偏爱呀,好名呀,种种吹求,而忘记了自己应学他的长处,应学习他宣扬的正法。这样的不尊师、不重道,自己闭塞了聪明,不能获得正法的智慧,反而要退失了。

二、"所受深法,秘不说尽":深法,是大乘法,大乘的空义(经说:深奥者,空是其义),深行密证的法门。自己从师长受学得来,应该善与人同,尽量弘扬。却故意秘密化,不肯轻易说,说也不肯尽量地说,而保留一分。这或是为了名,为了利,秘而不传的作风,障碍人不能生长深智;因果必然,当然自己要退失智慧了。拿浅事来说:我国古代的工巧、医药、拳术,都有高度的成就,可是被"秘密"害了。教拳的,不肯尽量传授徒众,而留下几手。医药,只肯传自己人,或传儿不传女,不愿公开以求进步。结果,大多失传了。到现在,我国还被看作落后地区,这不是秘不尽传,而招退失智慧的恶果吗?

三、"有乐法者,为作留难,说诸因缘沮坏其心":乐法,是爱好大法而深愿欲求的意思。遇到这样的人,应该随机说法,引他趣入佛法。而现在却故意地留难他,说一些不成理由的理由,如年纪还轻呀,知识太差呀,业障太重呀,下次再来呀,要供养多少呀……根机中的,就会因而失望,意志沮丧,变坏了那种乐于求法的热心。有的,受了外道的诱惑,动摇了对三宝的信心。犯了这样障人智慧的罪过,当然要退失智慧了。

四、"憍慢自高,卑下他人":修学佛法的,容易犯一种过失,就是义理愈了解,或多少有些行持功德,憍慢心就起来了。觉得自己了不起,高人一等。看起他人来,论教理、论修行,都卑下低劣,不及自己。于是觉得没有值得尊敬的法师,没有可以造就的学者。憍慢狂妄,结果是"满招损",智慧日渐退失了。

世尊总结说:上面所说的,"是为菩萨四法",会"退失智慧"

的。求大智慧的大乘行者,应切戒才好!

复次,迦叶! 菩萨有四法,得大智慧,何谓为四? 常尊重法,恭敬法师。随所闻法,以清净心广为人说,不求一切名闻利养。知从多闻生于智慧,勤求不懈,如救头然。闻经诵持,乐如说行,不随言说。迦叶! 是为菩萨四法,得大智慧。

现在,再从正行来说能得大智慧的四法。哪四种法呢?

一、"常尊重法,恭敬法师":能常常地尊师重道,就会常常地访师求法,智慧也就自然增长广大起来。

二、"随所闻法,以清净心广为人说,不求一切名闻利养":菩萨随自己听闻受持的深法,不会"秘不说尽",而是乐意广为人说。以弘法心、慈悲心、报恩心来说法,不是为了贪求名誉或者财利供养。唯有这样的清净心说法,才能广为人说。否则,存有名闻、利养、徒众——不清净心来说法,就会或多或少地保留。不是嫌说法的报酬太少,就怕别人与自己一样,名闻利养被人夺去了。

三、"知从多闻生于智慧,勤求不懈,如救头然":对于乐法的人,故意留难,不愿为他说法,主要是由于不知闻法的利益。要知道,现证的智慧虽由于修习;而修慧要由于思惟,思慧要由于多闻。知道智慧是从多闻而引生的,就会尊重闻法的功德了。对他人,就不为留难,乐意去为人说法。对自己,一定是精勤地求闻正法,不懈不怠。如头发须眉着了火一样:火烧(然与燃同)须眉,一定急不容缓去救息它;知道多闻的功德,一定会不懈不怠地去多闻正法。当然,精勤地多闻,也要注意到身心的调适。必须"行之以渐,持之以恒",从容不迫而又锲而不舍,才是中道的勤行。

四、"闻经诵持,乐如说行,不随言说":凡人听闻经法,背诵、受持,大抵会因此而侨慢起来。但闻思经法,还是为了实行。如学者的志愿,在乎如经所说的去实行,而不是随着语言文字团团转,专在名相上作工夫,那就会感觉自己的实行不足,还不能完满地实践佛说。能深切感觉到自己的不足,自然谦和宽容,不再侨慢自高了。能这样依解而起行,智慧当然能生长广大了。

佛总结说:这就是"菩萨四法,得大智慧"。

已二　不失菩提心

复次,迦叶! 菩萨有四法,失菩提心。何谓为四? 欺诳师长,已受经法而不恭敬。无疑悔处,令他疑悔。求大乘者,诃骂诽谤,广其恶名。以谄曲心,与人从事。迦叶! 是为菩萨四法,失菩提心。

再说退失菩提心的邪行,与不退菩提心的正行。菩提心是大乘道的心要;是不是菩萨,以有没有菩提心来分别的。什么是菩提心? 初学者约愿心说,菩萨以慈悲利他为本;但要利济众生,非佛那样不能圆满成就度众生的愿望。这样,就誓愿上求佛道,下化众生。深信大愿,做到"造次必于是,颠沛必于是",名为菩提心成就。高位的菩萨,常念菩提心,念念不离菩提心(所以也叫正念)。初学者,就得修学正行来保持菩提心。否则,不但间杂不净,而且要退失了。

佛先开示邪行:"菩萨有四法,失菩提心。"哪四种法呢?

一、"欺诳师长,已受经法而不恭敬":经法是经典,也是戒经。从师长受学经法,应该尊师重法,依法修行才对。如所行的违犯了经法,被师长发现了,还不知真实忏悔,说些不尽不实的话来欺诳师长。或者师长举发他的错误,还是欺诳狡赖。这样的没有慈心,没有智慧,恼乱师长,目无法纪,怎能保持菩提心而进修菩萨行呢?

二、"无疑悔处,令他疑悔":这是对于同参道友的,故意恼乱同学。他人的言行本来没有什么,却故甚其辞,说他违犯了。好心的佛弟子,如对经法没有明确的认识,就会怀疑自己的行为。疑心一起,忧愁懊悔就来了。忧悔一来,身心就不得安定,障害了正法的修行。像这样的恼乱同学,以别人的忧苦为自己的快乐,真是断慈悲种子! 菩提心当然就退失了。

三、"求大乘者,诃骂诽谤,广其恶名":上二是不重戒法而欺师害友,下二是不重大法而诽谤菩萨。自己发菩提心,修大乘行,那对于同愿同行、求大乘法的菩萨,应该随喜、尊敬、策励才对。由于内心的憍慢、嫉妒、嗔恨,当面诃骂菩萨,背后诽谤菩萨,尽量地传布他的恶名声。这样的诃毁菩萨,等于破坏大乘,菩提心当然消失到不知哪里去了。

四、"以谄曲心,与人从事":谄曲,是虚伪不直的。与人从事,是与人往来,做朋友;与他谈话,合作,或者帮助他。但这是虚伪的友善,不怀好意,想在与人的经常接触中,发现他的缺点、隐藏而没有显露的错误。找到了话柄,就揭发阴私,大肆攻讦。这与上文的诃骂菩萨一样,上文是站在敌对的立场,这是装成友善的姿态,而同以达成诽毁菩萨为目的。

世尊总结说:这就"是""四法"邪行,能退"失菩提心"了。

复次,迦叶！ 菩萨有四法,世世不失菩提之心,乃至道场,自然现前。何谓为四？ 失命因缘,不以妄语,何况戏笑？ 常以直心,与人从事,离诸谄曲。于诸菩萨生世尊想,能于四方称扬其名。自不爱乐诸小乘法,所化众生,皆悉令住无上菩提。迦叶！ 是为菩萨四法,世世不失菩提之心,乃至道场,自然现前。

再来说"菩萨有四法,世世不失菩提之心,乃至道场,自然现前"。如有四种正行,不但生生世世不失菩提心;一直到最后身菩萨,坐道场成佛时,都会任运地自然现前。初学者是愿菩提心;到了证得法性,名为胜义菩提心,如宝珠一样。经洗、治、摩(十地菩萨的进修),越来越清净光明。到了究竟圆满,就是无上菩提了。能不失菩提心的,到底是哪四种正行呢？

一、"失命因缘,不以妄语,何况戏笑"：这是针对不重经法、欺诳师长的正行。有了违犯的行为,经师长的举发,不论依律应受怎样的治罚,都应老实承认。就是因此会丧失生命,如犯了波罗夷重罪,于佛法为死人,要受逐出僧团的处分,也愿受重罚,决不以妄语来欺蒙师长。重罪都不敢妄语,那何况不必要的或戏笑时,还会欺诳妄语呢！

二、"常以直心,与人从事,离诸谄曲"：这好像是针对上文的第四邪行,而其实是与第二邪行相反的正行。为什么对同学要故意恼乱,使他无辜地陷入悔疑的忧海呢？ 本来,如法地举发他人的过失,使他能忏悔清净,是悲心、善意,应该这样做的。但是虚伪的善意,就会因此而恼乱同学了。菩萨的正行,与此相反。对于同参道友,经常以正直的善意往来从事,离去种种的谄曲心,所以决不故存恶意,使人引起不必要的疑悔。

三、"于诸菩萨生世尊想,能于四方称扬其名":大乘行者,应对菩萨生起佛一样的尊敬心,如敬重王子与国王一样。菩萨是未来佛,佛是菩萨行的究竟圆满。想菩萨为佛一样的可尊可敬,就不会呵毁诽谤了。真正的学佛者,怎么也不会谤佛的。不但不呵毁菩萨,还能在一切处称扬赞叹菩萨的功德,使菩萨的美名善誉遍于四方。

四、"自不爱乐诸小乘法;所化众生,皆悉令住无上菩提":邪行者的与人从事,目的在举发阴私,破坏菩萨。菩萨的正行,就不同了。由于自己的志在大乘,于小乘没有爱好心,所以希望别人都与自己一样。在与人往来亲善时,就教化众生,使往昔所集的大乘善根、潜而未发的清净德性,充分地显发出来;坚固成就,安住于大乘的无上菩提。住,是安立、决定的意思。

菩萨这样的修四正行,尊重正法,爱护同行,赞叹大乘,始终以菩提道为念,当然不会退失菩提了。

己三　增长善法

复次,迦叶! 菩萨有四法,所生善法灭不增长。何谓为四?以憍慢心,读诵修学路伽耶经。贪利养心,诣诸檀越。憎毁菩萨。所未闻经,违逆不信。迦叶! 是为菩萨四法,所生善法灭不增长。

菩萨的智慧增长,菩提心就不会退失;不退菩提心,一切善法就滋长了。所以,接着说损灭善法的邪行与增长善法的正行。佛告"迦叶:菩萨有四法,所生善法灭不增长"。已生的善法,受到了邪行的损害，或是不再增长了，或是损灭而消失了。是哪四种邪行呢？

一、"以憍慢心，读诵修学路伽耶经"：学者为了憍慢心所驱使，好强争胜，不知于佛法作深入的闻思，而却去读诵修学路伽耶经。路伽耶经，是世俗的典籍。看起来，科学、哲学、政治、经济……知识愈来愈丰富，其实憍慢心也愈来愈大了。世俗的学术，虽有有益于人生的部分，但大多重于向外的争取，是杂染而不是纯净的。常在这些驳杂不纯的俗学上用功，正沾沾自喜地以为进步，而不知俗念熏染，道念渐薄，善法也渐灭了。这在菩萨的修学来说，真是弃明珠而取瓦砾，实在不值得！

二、"贪利养心，诣诸檀越"：人要有精神的食粮来资长慧命，也要有物质的资粮来维持色身。如追求世俗知识，思想会流入歧途；以贪染心去求利养，生活会流入邪命。依经文说，为了贪著物质的财利供养，以贪求物欲心到檀越家去。梵语檀越，华语为施主。出家人依檀越而生活，也就不能不去檀越家。但为了生活的必要外，应以化导的、安慰的慈心进檀越家，使檀越能生长信心，增益福慧。如一心一意为了物欲，那就有说不完的弊害了。专心在物欲上着想，善法怎能不损灭呢！

三、"憎毁菩萨"：大乘菩萨，应该是尊敬赞叹的对象。但如从自己的名闻、利养着想，对于超胜自己的菩萨，就会引起憎怨嫉恨的心，甚至恶意地毁谤他。不能崇重贤善，反而憎怨他，那就秽念滋生，善法就灭不增长了。

四、"所未闻经，违逆不信"：总之，是憍慢好胜心在作怪！这才对超胜自己的菩萨，憎厌诽谤；对超胜自己所学的法门，不肯信受了。自己所学的有限有量，就以为佛法不过如此，这才憍慢高傲起来。一旦发现了自己所没有听闻修学过的经典，为了不承认自己的不知，就不惜反对，不肯随顺信受。憍慢的人，不但毁谤菩萨，连佛说的深法也敢反对。憍慢，是多么可怕的烦恼！

　　修学菩萨行的，如贪求些世俗的知识、世俗的财利，嫉忌胜人胜法，那善法怎能不灭而增长呢？这就是使"所生善法，灭不增长"的四法。

复次，迦叶！菩萨有四法，所生善法增长不失。何谓为四？舍离邪法，求正经典——六波罗蜜菩萨法藏；心无憍慢，于诸众生谦卑下下。如法得施，知量知足，离诸邪命，安住圣种。不出他人罪过虚实，不求人短。若于诸法心不通达，作如是念：佛法无量，随众所乐而为演说，唯佛所知，非我所解。以佛为证，不生违逆。迦叶！是为菩萨四法，所生善法增长不失。

　　再来说使"所生善法增长不失"的四种正行，是哪四种呢？

　　一、"舍离邪法，求正经典——六波罗蜜菩萨法藏；心无憍慢，于诸众生谦卑下下"：修学菩萨行的，舍离邪法。邪法，是不与真理相应、不顺解脱的世俗学术。尤其是唯物的、功利的路伽耶经。菩萨不学邪法，而专心志求正经。虽一切佛说都是正经，而大乘法最为真正。大乘法藏（经典的总汇叫藏），内容以六波罗蜜——布施、持戒、忍辱、精进、禅定、智慧为总纲。波罗蜜，华语到彼岸，是从生死而到达佛果的法门。专求大乘的六波罗蜜，没有一点的憍慢心;对一切众,都非常的谦卑低下,好像什么都不及人一样。这样的对人谦和,求法精进,无边的善法都会增长而不失了。

二、"如法得施,知量知足,离诸邪命,安住圣种":这是出家众对于生活资具的正行。一切都是从布施得来的,但要来得如法,不能为了贪求布施,而作些非法的行为。如为了贪求布施,装模作样地矫现威仪,使人尊信;或随时往来施主家,或者赠送礼品,以增厚感情;或在人前,故意赞叹别人的布施;或眩卖自己的修行怎样用功,怎样得感应。总之,以一切技巧、手段,来达到他人施与的目的,都是非法。如法所得的布施,不管多少,不问精美或粗恶,都会生欢喜心、知足心。能知量知足,而不作过分的乞求。这不但自己适量而受,还要顾虑到檀越的经济力量。除了受施而外,出家众不宜营农、经商,或者赶鬼、治病、占卜、算命、看相等。从这些而得来的生活资具,叫做邪命。这是说,对出家众来说,这是不正当的经济生活。邪命,是一定要远离的。这样,佛弟子能安住于四圣种中。四圣种是:对于衣服、饮食、卧具——三者,随所能得到的,都欢喜满足。第四是乐于断除烦恼,乐于修习圣道。这样的生活淡泊,少欲知足,而又勤修佛法,就能因此而从凡入圣。圣人由此四事而出生,所以叫圣种。这第二正行,主要为不于物欲而生贪著。

三、"不出他人罪过虚实,不求人短":由于菩萨的心地谦卑,专精修学,所以对他人的罪过,无论是虚的实的,都不会举发他(在僧团中,可以如法举罪),更不会故意吹求他人的短处。对一般人都如此,遇到大乘菩萨,当然更不会憎毁了。

四、"若于诸法心不通达,作如是念:佛法无量,随众所乐而为演说,唯佛所知,非我所解。以佛为证,不生违逆":自心不能通达的诸法,就是自己没有听闻受学过的诸经。自己所没有听闻通达的,怎么可因自己的不通达而不信呢? 然而,不明白、不理解,怎么能生信心呢? 是的,佛法有从胜解而来的解信,有从亲切体验而来的证信,但也还有因尊信圣者而来的仰信呢! 所以,如心不通达,就应该这样的想:佛法是无量的,是适应众生的根性好乐不同,而作无量方便的演说。横说竖说,浅说深说,或似矛盾而并不相反,或听来惊奇而合于常道。无量方便的不同说法,唯有佛的智慧才能知道,这不是我的浅智所能了解的。这样,以佛的智慧方便为权证,以佛的无方说法而起仰信。虽然不了解、不通达,也能乐意地信受,不致违逆如来的正法了。

世尊又总结说:"是为菩萨四法,所生善法增长不失。"

己四　直心

复次,迦叶! 菩萨有四曲心,所应远离。何谓为四? 于佛法中心生疑悔。于诸众生恌慢嗔恨。于他利养起嫉妒心。诃骂菩萨,广其恶名。迦叶! 是为菩萨四曲心,所应远离。

学者如善法增长,心地就会质直。佛是特重质直心的,所以说"直心是道场"。否则,善法损灭,心地就会邪曲起来。因此,接着来说菩萨应离的四种曲心与四种直心。佛说:"菩萨有四曲心,所应远离",哪四种心呢?

一、"于佛法中心生疑悔":于佛法中出家修学,应秉承佛的教授教诫,不敢违犯。如违犯了,应立即发露。如对佛法的恭敬信顺心不够,就会为了面子问题把罪过隐藏起来。罪过藏在心里,一定会陷于重重疑悔的忧苦当中。如把死尸放在家里,弄到脓血流漓、臭气充满一样。这里的悔,不是忏悔,而是嫌恶自己所作的不善,引起内心的不得安定。

二、"于诸众生憍慢嗔恨":这可以约一切众生说,而主要为对于共住的师友。在大众中,自以为高胜,憍慢得了不得。有了过失,因为憍慢心而不肯认罪。如受了僧团的处罚或驱摈,那就生嗔恨心,以为僧伽不公平,故意难为他。

三、"于他利养起嫉妒心":有大福德大智慧的菩萨,当然会受到一般人的尊敬,而得广大的布施。有的不怪自己——不修福,不修慧,而又贪著财利,这才见到他人得利养而生起了嫉妒心。

四、"诃骂菩萨,广其恶名":菩萨的福慧增胜,能通达甚深的法门,所以受到广大的敬施。现在,不但嫉妒菩萨的利养,更进而憎厌他的大乘深法。因此对大乘学者的菩萨,诃骂他、毁谤他,广大传扬他的恶名。

疑悔、憍慢与嗔恨、嫉妒、不信,这就是菩萨的四曲心。修学菩萨行的,这是应该远离的。

复次,迦叶! 菩萨有四直心之相。何谓为四? 所犯众罪,终不覆藏,向他发露,心无盖缠。若失国界、身命、财利,如是急事,终不妄语,亦不余言。一切恶事:骂詈、毁谤、挝打、系缚,种种伤害,受是苦时,但自咎责,自依业报,不嗔恨他。安住信力,若闻甚深难信佛法,自心清净,能悉受持。迦叶! 是为菩萨有四直心之相。

再来说菩萨的"四直心之相"。有了直心,就有直心的事表现出来。行事能表达内心的正直,所以叫直心之相。四直心是什么?当然是与上邪行相反的四种。

一、"所犯众罪,终不覆藏,向他发露,心无盖缠":菩萨在佛法中,有深切的信顺恭敬心,那对或有违犯的众罪,或重或轻,怎么也不会隐覆地掩藏起来。因为覆藏只是增长罪恶,多生疑悔。如把臭物严密地封存起来,一定是越久越臭。所以佛制比丘,有罪不准覆藏(覆藏的加重治罚),而应该向他人发露。发露,就是忏悔。随犯罪的轻重,依律制而作如法的忏悔,就是对人而将自己的罪过吐露出来。这是什么罪,应受怎样的治罚,一切依僧伽的规律而行。过失一经忏悔,或接受了处分,如把瓶中的臭物倒在太阳下,又加以洗净一样,戒体就回复清净,不再有疑悔等盖缠,不再会障碍圣道的进修了。盖是五盖:贪欲、嗔恚、疑、昏沉睡眠、掉举恶作(恶作就是悔)。缠是十缠:无惭、无愧、嫉、悭、悔、眠、掉举、昏沉、忿、覆。

二、"若失国界、身命、财利,如是急事,终不妄语,亦不余言":在大众中,如有了违犯,经人举发,决不说欺诳师友的妄语,老实认罪。也决不说其他的话,如处分不适当、不公平等。国界等是譬说,假使说了老实话,会因此而(国王)失去国土,会丧失身命,会损失财物:这样的关系重大,也还是不说妄语。意思说:犯了罪,无论后果怎样,哪怕是逐出僧团,也要直心实说。

三、"一切恶事:骂詈、毁谤、挝打、系缚,种种伤害。受是苦时,但自咎责,自依业报,不嗔恨他":上面第三邪行,是于他利养生嫉妒心。这虽也因为贪染心,主要还是由于不信业报。他受种种利养,如知道是福业所感,就应该生随喜心。即使他不如法得来(如没有福业,不如法去追求,也是得不到),那是他自造来生的苦果,应该悲悯他,这都不会嫉妒的。与这相反的正行,从自己遭受的种种恶事来说。如被人辱骂,被人毁谤,被人用手脚棍棒来殴打,被人捆缚或者监禁起来。名誉、身体、财物、自由,受到了种种的伤害。一般人有此遭遇,总是怨天尤人,气愤得不得了。但菩萨是深信业报的,所以受到这种的苦难,只是自己怪自己,责备自己:为什么造了恶业? 不与人广结善缘? 由于自己依业报的信仰而安心(中国人称为安命),所以不会嗔恨别人。其实,嗔恨有什么用呢?

　　四、"安住信力,若闻甚深难信佛法,自心清净,能悉受持":菩萨如听闻甚深难信的佛法,如不思议的佛境界、一切法空性等,能安住于信力中,也就是能尊敬佛说而能起仰信。经上说:"信如清水珠,能清浊水。"所以能安住信力,就能自心清净,也就能随顺深入,完全受持这甚深的法门。所以说:"佛法大海,信为能入。"

　　上面所说的,就是菩萨四种直心之相。

己五　善调顺

复次,迦叶! 菩萨有四败坏之相。何谓为四? 读诵经典而生戏论,不随法行。不能奉顺恭敬师长,令心欢悦。损他供养,自违本誓而受信施。见善菩萨,轻慢不敬。迦叶! 是为菩萨有四败坏之相。

　　菩萨的善法增长,心地正直,就能善顺。本译以邪行为败坏,正行为善顺,这是什么意义呢? 善顺,是善调柔顺的意思。如象马的野性未驯,难调难伏;等到训练成功,能随人意而被驱用,就是善顺。又如生牛皮,未经制炼,坚硬而不合用;一经如法的制炼,就调和柔顺,可以用作器具。所以,菩萨如三学熏修,内心烦恼不起,成就法器,就名为善顺。如不如法行,烦恼炽盛,不成大乘法器,名为败坏菩萨。这里,先说"菩萨有四败坏之相",四种是:

一、"读诵经典而生戏论,不随法行":菩萨读诵大乘经典,如专在义理上着力:理论怎样的明确,怎样不受外道的难破。这落入了戏论法相,而不知随顺正法去实行。这样的闻思经法,每矫现为学者(多闻持法者)的身份,以掩饰空言无行的毛病。

二、"不能奉顺恭敬师长,令心欢悦":菩萨从师长受学,如不能奉承随顺师长的意思,而照着自己去颠倒解说。这样,与师意相违,当然不能得到师长的欢心。不能在师门与大众和合共住,每矫现为阿兰若者。作为自己去修行,以掩饰不能见和共住的毛病。

三、"损他供养,自违本誓而受信施":出家的依布施而生活,本意为了如法修行。如违反了自己的本愿,无戒无定而受信施,就是浪费施主的供养。这每矫现为兴寺院、办僧事的身份,以免虚耗信施的讥嫌。

四、"见善菩萨,轻慢不敬":菩萨本着自己所学的知见,坚固执著,所以见到胜善的大菩萨,就轻慢他而不能恭敬。为了自见,每矫现为摄受大众者的身份,以群众来维护自己的尊严。

学者、阿兰若者、兴福业者、领众者,都是菩萨应行的。但如由于著闻思、起别解、缺戒行、执自见而这样行,那菩萨就不能调顺成就,而要成为败坏菩萨了。这就是"菩萨有四败坏之相"。

复次,迦叶! 菩萨有四善顺之相。何谓为四? 所未闻经,闻便信受,如所说行;依止于法,不依言说。随顺师教,能知意旨,易与言语,所作皆善,不失师意。不退戒定,以调顺心而受供养。见善菩萨,恭敬爱乐,随顺善人,禀受德行。迦叶! 是为菩萨有四善顺之相。

与败坏菩萨相反,"菩萨有四善顺之相",哪四种呢?

一、"所未闻经,闻便信受,如所说行;依止于法,不依言说":菩萨对久曾闻思的,当然修学;就是从来所没有听过的大乘深法,听了也就能信顺受持。不专在论理上下工夫,而能照所说的去实行。这就是说:依止于法的实践,而不是依着语言文字的论说。

二、"随顺师教,能知意旨,易与言语,所作皆善,不失师意":这是能承受师说而无倒的。佛法,从佛而弟子,展转传来,无论是义理、修行的方法,都是有传承的。这决不能凭自己的小聪明,望文生义,而发挥自己的见解。现在,菩萨能随顺师长的教授,能知经论的真实意趣、宗旨,自己不乱创别解,所以师弟间心意相通,说话也容易通达。做起事来都是善的,没有违反师长的意思,这才真能传承师长的法门。

三、"不退戒定,以调顺心而受供养":菩萨的本愿,是受戒习定而度着出家受施的生活。现在,能贯彻本愿,没有退失戒定。有戒有定,心意调顺,这样的受供养,檀越的功德可大了!

四、"见善菩萨,恭敬爱乐,随顺善人,禀受德行":菩萨不坚

执自见,遇到胜善的菩萨弘扬深法,就能生恭敬心、爱慕心,能随
顺这样的善人,而禀受他德行的熏陶。

这四事,一一与败坏的邪行相反。能这样行,可知是善顺的
菩萨,能成大乘法器,绍隆佛种。

己六　正道

复次,迦叶!菩萨有四错谬。何谓为四?不可信人与之同意,是菩萨谬。非器众生说甚深法,是菩萨谬。乐大乘者为赞小乘,是菩萨谬。若行施时,但与持戒,供养善者,不与恶人,是菩萨谬。迦叶!是为菩萨四谬。

菩萨以利益众生为本,到了心调柔顺,成就法器,就更重于
教化众生了。但可能不契真理、不契根机而发生错谬,所以接着
说菩萨的所行正确与所行错谬。先说"菩萨有四错谬",四
种是:

一、"不可信人与之同意,是菩萨谬":译文不明。依其他译
本来看,不可信人,是对三宝没有成就信心的人。对这种人,应
为他说法,启发增进他的信心。如菩萨作与其他净信的同样的
想法(已信了),而不给他说法,以启发信心,那是菩萨的错谬。

二、"非器众生说甚深法,是菩萨谬":非器,如小乘根性,不
是大乘法器。虽菩萨要化导一切众生成佛,但也要适应机宜。
如对非大乘器而说大乘深法,对听者并没有利益,或者会引起相
反的作用。如身体过分虚弱,给与高度的滋补品是受不了的,所
以说醍醐成毒药。这样,为小机说大法,显然是错谬的了。

三、"乐大乘者为赞小乘,是菩萨谬":爱好大乘的根性,如

为他赞扬小乘法,那是非常的错谬。因为,听者可能是由小入大的根性,对小乘法有着深厚熏习,可能因此会退失大心。即使是纯大乘的根性,为他说小乘,也该有个分寸,不应该过分地赞扬。

四、"若行施时,但与持戒,供养善者,不与恶人,是菩萨谬":这里的行施,通财施与法施二类;供养也通财供养与法供养。如法行施时,应平等地教化;对过失重的,应特别地怜悯才对。如只供养持戒的善人,而不供养破戒的恶人,这与菩萨平等普济的精神不合,所以也是错谬的。

菩萨的四种错谬,问题在不能适应根机,与不能平等而有所偏爱。

复次,迦叶!菩萨有四正道。何谓为四?于诸众生,其心平等。普化众生,等以佛慧。于诸众生,平等说法。普令众生等住正行。迦叶!是为菩萨有四正道。

上面说的邪行,重在不契机;现在来说"菩萨有四正道",着重于平等。四正道到底是什么呢?

一、"于诸众生,其心平等":菩萨发心,是为了一切众生,于一切众生住平等心。所以对未信的众生,如有因缘的话,一定要教化他,使他生长净信。不会轻忽地以为可能已信了,而不为他说法。

二、"普化众生,等以佛慧":这如《法华经》说的:"令一切众生开示悟入佛之知见"。佛慧,是佛菩提,也就是佛知见。菩萨以平等心,本着不二的平等大慧来化导一切;在这一原则下,应机说法。就是说二乘法,也还是菩萨道,还是引入佛慧的方便。这样的教化,施设无量方便,才是菩萨教化众生成佛的正道。并非不问根机的是否适应，一味地以深法来教化，才算是普化众生同成佛道。

三、"于诸众生，平等说法"：对小机而引令向大，要说大乘法；大乘行者普学一切法门，也应该开示小乘法。所以，可以说为一切众生说一切法，都是平等的。但在现实的适应上，先后差别，也还是不同的。

四、"普令众生等住正行"：菩萨如供养持戒善人，不供养破戒恶人，生分别心，那善恶众生就会明显地分化，距离越来越远，恶人会自卑而自弃于佛法。试问：菩萨这样的教化，不以财法供养恶人，怎能教化恶人？所以，菩萨的平等布施才能普化众生，使同样地安住于正行中。

菩萨的发心平等，教化的目标平等，说法平等，使众生同住正行平等。菩萨以此四大平等而施教化，就是菩萨的正道了。

己七　善知识

复次，迦叶！菩萨有四非善知识、非善等侣。何谓为四？求声闻者，但欲自利。求缘觉者，喜乐少事。读外经典路伽耶毗，文辞严饰。所亲近者，但增世利，不益法利。迦叶！是为菩萨有四非善知识、非善等侣。

在菩萨自利利他的学程中，什么是善知识、善等侣？非善知识、非善等侣呢？知识，是众所知识，是众生仰望而人所亲近的。等侣，是伴侣。所以，善知识与善等侣，就是良师益友。非善知识、非善等侣，是无益或有损的师友了。以菩萨道来说，如与菩萨道有损的，哪怕是德高望重，也是非善知识、非善等侣。学菩萨道,不能没有良师益友,所以特为开示。先说"菩萨有四非善知识、非善等侣"。是哪四种呢?

一、"求声闻者,但欲自利":小乘的声闻行者,听佛的声教而得道,所以名声闻。求声闻乘的,但求己利。己利,不是世俗的名闻利养,也不是来生福德,多闻持戒习定等功德,是解脱自己的生死、证得涅槃的大利。专为自己的生死大事而修证,说起来名正言顺,可尊可敬! 但这种专为自己着想的作风,对菩萨道来说,如受了他的熏染,可能会退失大乘。所以《法华经》说:"勿亲近小乘三藏学者。"

二、"求缘觉者,喜乐少事":这是小乘的又一类。从观缘起得悟而立名,也叫独觉。声闻人但求自利,总还受佛的教导,过着僧团的生活,经常游化人间,顾问僧事。缘觉可不同了,不但专求自利,而且喜乐少事,不喜欢事情,厌恶烦嚣,大迦叶就是这样的根性。他经常过着独住苦行的生活,连乞食也嫌麻烦,为少年比丘说法也不愿意,甚至敢于违反释尊的教导。这对化度众生的大乘道来说,是严重的障碍,所以尽管他有修有证,也不是菩萨的良师益友。缘觉的风格,由于佛涅槃后,大迦叶取得僧团的领导权,而深刻地影响了声闻僧团。使流行中的声闻僧,越来越远离释尊的本怀,不重利益众生的教化,所以受到菩萨行者的严厉诃责,指为欠佛债者!

三、"读外经典路伽耶毗,文辞严饰":有的专重世学,读诵外道经书——路伽耶毗。路伽耶毗,就是上文的路伽耶——顺世。除了现实的、功利的而外,还学习文辞严饰,那是文法、修辞。以现代话来说,那是文艺。古代佛教,有很多有名的文艺大师,如马鸣等。但那本是文艺家,出家以后,就以文艺来赞助教化,不是出家学菩萨行,而还专心去学习文艺。这种人,漂流于佛法门外,亲近了有向外退堕的危险。

四、"所亲近者,但增世利,不益法利":如所亲近的师友,不能使你得到法益——戒定慧解脱等功德,而只是增益些俗利,使你有名闻、有利养、有地位、有寺院、有徒众、有护法,尽是些世俗的利益。这虽是一般所亲近仰望的大德,而不一定是大乘道中的良师益友。这使你忘记佛法修证的利益。谨慎! 谨慎!

总之,或是使你离去以利益众生为先的精神,或是使你在世俗的知识、财利中走入歧途的师友,都是非善知识、非善等侣。

复次,迦叶! 菩萨有四善知识、四善等侣。何谓为四? 诸来求者是善知识,佛道因缘故。能说法者是善知识,生智慧故。能教他人令出家者,是善知识,增长善法故。诸佛世尊是善知识,增长一切诸佛法故。迦叶! 是为菩萨四善知识、四善等侣。

与上相反的,"菩萨有四善知识、四善等侣"。四类是怎样的呢?

一、"诸来求者,是善知识,佛道因缘故":自利,不是善知识,那么凡有来求——求财、求法的,使你实践利他的行为,就是菩萨的良师益友了。对于来求的,一般都厌恶他,或勉强地给予,实在不对。这可说是上门来,教你积集利他的功德,使你积集成就佛道的因缘。这该怎样的欢喜呢!

二、"能说法者,是善知识,生智慧故":凡是能说法的,肯说法的,使你生长智慧的,是菩萨的良师。如本经所说,以智慧为先,而后菩提心,能成就真实菩萨。智慧是大乘道的眼目;热心弘扬正法,就是菩萨的好模范。缘觉的确是不对的!他爱好少事、独住,就是教化众生,只是现神通,使人生信心,而从不说法以启发信者的智慧。在大乘道中,怎样才是良师益友,原是不消多说而可以明白的。

三、"能教他人令出家者,是善知识,增长善法故":虽然在家与出家都可以信修佛法,行菩萨道,但在家人为了生活,不免着重世俗功利的知识。出家人没有家庭生活的纷扰,可以专心地增长出世的善法。所以如能劝化他人出家的,就是使人远离世俗知识而专心佛法的,是真善知识。经上说到,出家的功德很大,劝人出家的功德也大。

四、"诸佛世尊是善知识,增长一切诸佛法故":诸佛世尊是善知识,是不要多说的。学者从佛修学,如佛的儿女一样,继承佛的家业。有的得财分(来生福报),有的得法分。佛的本意,当然要使你知法、入法,是法分而不是财分。要人不求果报,而以正法的觉证来自利利他,增长一切诸佛的功德法。所以从佛而得证入的,总是说自己是:"从佛口生,从法化生,得法分,不得财分。"这与令人得世俗利益的恶知识,是怎样的不同!

拿这"菩萨四善知识、四善等侣",与邪行的非善知识相对比,就知道菩萨应怎样的亲近修学了!

己八 真实菩萨

复次,迦叶!菩萨有四非菩萨而似菩萨。何谓为四?贪求利养,而不求法。贪求名称,不求福德。贪求自乐,不救众生以灭苦法。乐聚徒众,不乐远离。迦叶!是为四非菩萨而似菩萨。

　　菩萨有了直心,调顺成就,而后在化他方面,能行四正道;在求法方面,有四善知识:那就可以成就真实菩萨了。先从相反的邪行说起:"菩萨有四非菩萨而似菩萨",实际是虚伪的。哪四种人呢?

　　一、"贪求利养,而不求法":有的多闻持诵,通大乘的法藏,可说是大乘的大学者。但他是利名学教,为了贪求利养,而不求法的实践,不能说是真实的菩萨。

　　二、"贪求名称,不求福德":有的大乘行者,不能与大众共住,去阿兰若修行。但他是贪求修行的名称,而不想积集福德。菩萨必要福慧双修,现在离众修行,不求福德,哪里会是真实菩萨!

　　三、"贪求自乐,不救众生以灭苦法":有的贪求自己的涅槃乐,只做些兴修寺院等福业,而不以灭苦的佛法来救众生。自得解脱而不使人得解脱乐,是相似的菩萨。

　　四、"乐聚徒众,不乐远离":有的统摄大众,欢喜聚集一些徒众,如世俗的儿女兴旺一样。眷属心深,不重于身心的远离,似乎广度众生,而其实算不得真实菩萨。

　　这四类,《瑜伽论》解说为:持法者、阿兰若者、兴福业者、御众者。如没有真无我的胜解,著于世俗,都是相似的菩萨。

复次,迦叶! 菩萨有四真实菩萨。何谓为四? 能信解空,亦信业报。知一切法无有吾我,而于众生起大悲心。深乐涅槃,而游生死。所作行施,皆为众生,不求果报。迦叶! 是为四种真实菩萨福德。

相反的"菩萨有四真实菩萨",怎样才是真实的呢?

一、"能信解空,亦信业报":一切法性空,是依因缘果报而显示的。所以大乘的正义是:由于因果,所以是本性空的;因为本性空,所以因果不失。龙树《中论》说:"虽空亦不断,虽有亦不常,业果报不失,是名佛所说。"如菩萨能这样的信解空,也能信解业果,不偏于空理,那么多闻持法者也就不会为利养而不求正法的实践了。

二、"知一切法无有吾我,而于众生起大悲心":一切法无吾我——无我无我所,确是佛法的实义。但如信解偏差,会因无我无人而不问众生,去阿兰若修行。不知胜义无我,世俗的众生却宛然而有。这样的通达,就会彻悟无我而不忘众生,于众生起大悲心,广修福德了。

三、"深乐涅槃,而游生死":菩萨深深地爱乐涅槃,又深知涅槃不离于生死,所以能安住涅槃而游生死,也就是历劫在生死中度众生。不会自趣涅槃,专兴福业,而不以灭苦的正法救众生了。

四、"所作行施,皆为众生,不求果报":菩萨是摄众的,是应以财法来摄受众生的。但所有的一切施与,是为了利益众生,而不是贪著徒众,门庭兴盛。因此,所有的功德,不求自己现生与来生的果报而回向大众。这样的摄导大众,才是真实菩萨!

世尊总结说:"是为四种真实菩萨福德。"特别提到福德,真是语重心长! 出家的菩萨,应知菩萨的修证成就是不能离去福德的。从生长智慧,不退菩提心,到这成就真实菩萨,世尊扼要又完满地开示了菩萨的正行;这是出家菩萨所应好好修习的正行。

戊二　正行胜利

己一　得大藏

复次,迦叶!菩萨有四大藏。何谓为四?若有菩萨值遇诸佛。能闻六波罗蜜及其义解。以无碍心视说法者。乐远离行,心无懈怠。迦叶!是为菩萨有四大藏。

　　菩萨修学了上面所说的正行,从得智慧、不退菩提心,到真实菩萨福德,就能得到正行的种种胜利;胜利是殊胜的义利。本经又分四项来说(赵宋译作六项),先说四大藏。

　　世尊又告诉"迦叶:菩萨有四大藏"。藏是库藏。菩萨在初阿僧祇劫中,修学正行,积聚无边的福德智慧资粮,如大库藏一样。广大的福智资粮,以四事来统摄,四事是:

　　一、"若有菩萨值遇诸佛":菩萨在菩提道的学程中,生生世世,到处都能逢到诸佛。生生都能见佛,也就能生生听法、供养、修行,也就用不着担心退堕了。这是多大的福德善根呀!

　　二、"能闻六波罗蜜及其义解":六波罗蜜(度),是大乘菩提道的纲领。菩萨见了佛,不但略闻六度的大要,而且还听到六度的义解。因为六度的意义深广无边,所以佛与菩萨又加以解说、发挥,这主要是六度的论典。这样,不但是生生见佛,又能生生听闻大乘法义,成就大乘的闻所成慧。

　　三、"以无碍心视说法者":说法者,是佛与菩萨。菩萨听闻了大乘法义,对说法者所说的,要有随顺心,没有成见,没有隔碍,没有异想。这样的随顺师意,才能如理地思惟大乘法义,成就大乘思所成慧。

　　四、"乐远离行,心无懈怠":菩萨的亲近如来,听法、思惟,目的在愿乐修学远离行。什么叫远离行? 不受境界的拘缚,心能解脱自在,不与烦恼作伴侣,是真远离。为此而修行,从修行来实现解脱自在,一心精进,不懈怠、不放逸,能成大乘修所成慧。

　　大乘的无边资粮,总摄于见佛、闻法、思惟、修行中,"是为菩萨有四大藏"。此四大藏,等于声闻的四预流支:"亲近善友,多闻正法,如理思惟,法随法行。"

己二　过魔事

复次,迦叶! 菩萨有四法,能过魔事。何谓为四? 常不舍离菩提之心。于诸众生心无恚碍。觉诸知见。心不轻贱一切众生。迦叶! 是为菩萨四法能过魔事。

　　再说第二胜利:修学了菩萨正行,就"能过魔事"。什么是魔事? 无论是外境、内心,引使自己向下的、退后的,就是魔事。本经为大乘法,所以凡与大乘法相违,或可能退失大乘的,就是大乘的魔事。修学菩萨正行,就能胜过魔事,也以四法来说明。

　　一、"常不舍离菩提之心":菩提心是大乘道的亲因,有了就是菩萨,失去了就不是菩萨。菩萨能常念菩提而不舍离,这就超过了世间五欲、人天果报、声闻自利、缘觉厌烦嚣的魔事。

　　二、"于诸众生心无恚碍":菩萨以利益众生的慈悲心为根本,如对众生而有恚怒心、隔碍心,这怎么能利益众生? 所以大乘法中,贪欲的过失还小,不妨修菩萨行;而嗔恚的过失极重,与菩萨道不能并存。能心无恚碍，就不致有退失慈悲的魔事。

三、"觉诸知见"：知见，指外道的种种邪论、邪法——一、异、常、断等知见。如不能觉了他，就不能教化他；还有在不知不觉间落入外道知见的危险。

四、"心不轻贱一切众生"：下贱的、贫穷的、残废的、愚痴的、邪恶的、颠倒的……这些虽可怜可悯，而终究要向上成佛。如《法华经》的常不轻菩萨，逢人就说："我不轻于汝等，汝等皆当作佛！"从一切终向佛道来说，怎么下贱也是未来的佛菩萨，就不会如印度的世俗知见，轻视低贱阶级了。

约向佛道说，离菩提心。约化众生说，有恚碍心。于众生中，特别是对外道知见不觉了，对低贱众生起轻视心。这四法，为菩萨道的大魔事。修习正行，就能超过这魔事，成为真实菩萨。

己三　摄善根

复次，迦叶！菩萨有四法，摄诸善根。何谓为四？在空闲处，离谄曲心。诸众生中，行四摄法而不求报。为求法故，不惜身命。修诸善根，心无厌足。迦叶！是为菩萨四法，摄诸善根。

第三胜利，是"摄诸善根"。修学菩萨正行，大乘善根会不断地增长广大起来。如约根本说，菩提心是大乘善根。约差别说，一切善根是大乘善根。现在约能摄持善根而不失的四大要行来说。

一、"在空闲处，离谄曲心"：没有人的地方，叫空闲处。一般人面对别人,多少会注意自己,不起颠倒乱想。怕内心有了邪曲,目光与态度会自然地流露出来,被人发觉了,损害自己的名誉。但一到无人处,就什么都不在乎,种种谄曲邪心都起来了。菩萨修学正行,真能表里一如;人前人后,都能正念在前,不起邪曲心。这是菩萨的"慎独"功夫。

二、"诸众生中,行四摄法而不求报":菩萨在独居时,能正念现前;在大众前呢,就能以四摄法——布施、爱语、利行、同事来广结人缘,普施教化。四摄本是世间法,为摄众的主要条件。菩萨要摄受一切众生,当然要行四摄法。但与常人不同,既不求现生的报答,也不求来生的果报。只觉得菩萨应该这样行,应这样的利益众生。

三、"为求法故,不惜身命":佛法是解脱成佛的法门,是难遇难闻的。佛不出世的时候,或生在邪见兴盛的区域,或生三途恶道、长寿天等,一句一颂的佛法也难以得到。在菩萨本生谈中,有愿以身体供劳役的,愿牺牲身命的,以求得一颂一经。求法是如此的真诚!在传记中,如善财的南参、常啼的东行、玄奘的西游,都是不惜身命求法的榜样。能这样的"为法忘躯",是久修菩萨正行的胜利。

四、"修诸善根,心无厌足":菩萨的心量,虚空一样的广大,海一样的深!修习一切善根,从没有满足(厌)心,显出了菩萨的无限精进,这哪里是得少为足的小乘所可及的!

这样的独处、处众、求法、修善,就是"菩萨四法,摄诸善根"的胜利。

己四　福德庄严

复次,迦叶! 菩萨有四无量福德庄严。何谓为四? 以清净心而行法施。于破戒人生大悲心。于诸众生中,称扬赞叹菩提之心。于诸下劣,修习忍辱。迦叶! 是为菩萨有四无量福德庄严。

第四胜利,是"无量福德庄严"。菩萨积集无边的福智资粮,就作为菩萨的庄严。什么是庄严? 一、如美丽衣服、耳环、手钏、璎珞等,使人端庄严丽的,是庄严。二、军人出征时,所有的盔甲、武器,也叫庄严。这不但显得更威武,也不易为敌人所损害。这样,菩萨的无量福德,使菩萨的身心庄严清净,不受烦恼魔外所害,所以称无量福德为庄严。现在以四种最难得的庄严来说。

一、"以清净心而行法施":菩萨纯以大悲心为众生说法,不存丝毫名利恭敬的私欲,叫清净心。

二、"于破戒人生大悲心":菩萨是平等大悲,于一切众生,都看作自己的儿女一样。但对于破戒的恶行众生,特别的悲悯心切。这如父母的爱儿女,虽平等的慈爱,而对于有病的或能力差些的,会特别的关顾。

三、"于诸众生中,称扬赞叹菩提之心":这是清净法施中最切要的法施。在大众说法时,常常称赞菩提心的功德(《华严经·入法界品》赞扬得特别多),劝人发菩提心。以大乘法来说,"菩提心为因",这是首要的! 没有菩提心,一切大乘功德,不能出生,不能成立。俗语说:"先立其大者";"本立而道生"。

以佛法来说,这莫过于菩提心了!

　　四、"于诸下劣,修习忍辱":忍辱中最难忍的,是受到下劣者的侮辱伤害。觉得自己这样的身份地位,而受到这种人的辱害,实在难以忍受。其实,对这种人能修忍辱,才能于一切修忍。否则,向富贵、权势、凶恶者低头,不过是权衡得失,明哲保身而已,算得什么忍辱呢?

　　这四法,都与施、戒、忍有关,也是与众生有关的最难得的福德庄严。

　　戊三　正行成就

复次,迦叶! 名菩萨者,不但名字为菩萨也。能行善法,行平等心,名为菩萨。略说成就三十二法,名为菩萨。何谓三十二法?

　　修习菩萨正行,就是在初阿僧祇劫中,积集无边的福智资粮。如积集圆满成就(资粮位满),就是名符其实的菩萨。世尊为了具体地说明这正行成就的菩萨,所以又对迦叶说:"名菩萨者,不但名字为菩萨",叫叫而已。如初发菩提心的、初受菩萨戒的,也可以名为菩萨,但并没有成就菩萨的体相。如人一样,初在胎中结生,或还在血疱、肉团阶段,虽说是人了,但并没有人的体相。如渐渐地形成了手脚、眼耳口鼻,才真的像人了。菩萨也是这样,发菩提心以后,修习广大正行成就,才是有名有实的菩萨(登地的菩萨,生如来家,如胎儿的诞生一样)。那么,正行成就的菩萨是怎样的呢? 依《瑜伽论·抉择分》(卷七九)引述本经,要有"具法行、平等行、善行、法住行相"。本译但说"能行善法,行平等心"二行,应该是译者阙略了。法行等四行,以"略说成就三十二法"来说明。无著的《摄大乘论·所知相分》也引本经的成就三十二法名为菩萨。无著菩萨以十六相来分别解说这三十二法,与《瑜伽论》不同。现在大体依《瑜伽论》说。

常为众生深求安乐。皆令得住一切智中。心不憎恶他人智慧。破坏憍慢。深乐佛道。

一、法行,有五法。法行,是一切修行,与正法不相违:依于法,顺于法,向于法而行。(一)"常为众生深求安乐":深求即"增上意乐",强胜有力的愿乐,常为众生的利益安乐着想。这是说:菩萨一切修学,不为自己,但为众生。(二)"皆令得住一切智中":一切智是佛的大菩提。教化众生发菩提心,使众生都能安住佛道。(三)"心不憎恶他人智慧":菩萨自己知道了智慧的功德,所以对他人的甚深智慧,不会起憎恶心,嫉妒障碍。(四)"破坏憍慢":能谦虚低下,对有学有德、有修有证的菩萨,尊敬随顺,不起憍慢心。上对胜法说,此对胜人说。(五)"深乐佛道":深心爱乐佛菩提,志愿坚固,牢不可破。

爱敬无虚。亲厚究竟,于怨亲中其心同等,至于涅槃。言常含笑,先意问讯。所为事业,终不中息。普为众生等行大悲。心无疲倦,多闻无厌。自求己过,不说他短。以菩提心行诸威仪。

二、平等行,有八法。(一)"爱敬无虚":菩萨能真诚地爱敬众生。爱心重了,不免"近则狎";敬心重了,又会疏远起来。所以菩萨有爱有敬,爱敬合一。(二)"亲厚究竟,于怨亲中其心同等,至于涅槃":亲厚即亲密,究竟即彻底。亲厚究竟,是彻底的敬爱亲密。约人来说,不论是怨敌、亲爱,或不怨不亲的中人,心都同等的亲密。约时间来说,从现在、未来,一直到涅槃,都是一样的亲爱。(三)"言常含笑,先意问讯":和颜悦色地与人谈话(爱语),而且是先向人问讯起居。(四)"所为事业,终不中息":曾答应了帮助为他做什么事,一定有始有终,在没有完成以前,决不会中间停顿的。(五)"普为众生等行大悲":对没有答应担当为他做事的,内心也普遍地起平等大悲。在有缘时,一定为他做利益的事业。(六)"心无疲倦,多闻无厌":菩萨是无限地精进,教化众生,无论怎样的任劳任怨,也不会疲倦。利益众生的无量方便,要从多闻中得来,所以听法也永没有厌(足)心。(七)"自求己过,不说他短":常反省自己的过失,所以能日进于善。不说他人的短处,所以能存心宽厚去爱人。(八)"以菩提心行诸威仪":行住坐卧、语默动静,叫威仪。菩萨的一切身语行为,都出发于菩提心——上求下化的心。以上八法,都是对众生有平等大悲的表现。

所行惠施,不求其报。不依生处而行持戒。诸众生中行无碍忍。为修一切诸善根故,勤行精进。离生无色而起禅定。行方便慧。应四摄法。

　　三、善行,有七法。六度、四摄,是菩萨的善行——自利利他的大纲。正行成就的菩萨,所修的六度、四摄,能做到像下面所说的。(一)施度:"所行惠施,不求其报":财施或法施,都不求现生的报答、未来富乐的果报。(二)戒度:"不依生处而行持戒":不是凡夫那样的,为了来生的生于人间天上(生处)。(三)

忍度："诸众生中行无碍忍"：对众生修忍辱时，能心平气和，没有恚碍心。（四）精进度："为修一切诸善根故，勤行精进"：菩萨的精进，是大精进！不是为了少少功德，少少善根，而是为一切善根而行精进。（五）禅度："离生无色而起禅定"：修禅定成就的，要随定力（不动业）而生色无色界天。菩萨行以见佛、闻法、利他为先要，所以虽修起禅定，而以悲愿力、智慧力，常生人中；或生于天上，也决不生四无色——空无边处、识无边处、无所有处、非想非非想处天。因为生在这种长寿天上，于见佛、闻法、修菩萨行，是有障碍的。（六）智度："行方便慧"：慧是般若。般若的正观无分别法性，三乘是同样的。菩萨的般若以方便助成，所以与小乘不同。什么是方便？悲愿为方便，无所得为方便。这样的方便慧，是菩萨的般若。（七）"应四摄法"：一切化导众生，都与四摄法相应。

善恶众生，慈心无异。一心听法。心住远离。心不乐著世间众事。不贪小乘，于大乘中常见大利。离恶知识，亲近善友。成四梵行，游戏五通。常依真智。于诸众生，邪行正行，俱不舍弃。言常决定。贵真实法。一切所作，菩提为首。

　　四、法住行，正行成就的菩萨，不但闻思而已，能勤修止观、安住正法，所以叫法住。有十二法，（一）"善恶众生，慈心无异"：菩萨能以同样的慈心，而对待持戒或毁禁的说法者。（二）"一心听法"：在这不同的说法者前，都恭敬地一心去谛听。（三）"心住远离"：听了能住远离行，不为境相所转。（四）"心不乐著世间众事"：虽行在世间，说法、乞食、游行、知僧事，而心不会爱著这些事。（五）"不贪小乘，于大乘中常见大利"：菩萨能时时见到大乘的殊胜功德——佛果的难思功德、菩萨的利济功德,所以不贪小乘法。否则,心住远离,不乐世事,就落入小乘行径了。(六)"离恶知识,亲近善友":离,不是嫉恶如仇,拒人于千里之外,而只是不随顺恶法。(七)"成四梵行,游戏五通":梵行即清净行。这里的四梵行,约慈悲喜舍——四无量定说。菩萨以利益众生为主,所以得禅以后,多修起此四梵行。得了根本定,就能修发神通——神境通、天眼通、天耳通、他心通、宿命通(五通)。菩萨利益众生,常以神通摄化,故起五通。游戏是自在的意思。(八)"常依真智":一切修行,都依真实智,不依虚妄识,所以说"依智不依识"。什么是真实智?如下文"正观真实"中说。

上来八法,从亲近知识到依智修行;此下四法,是菩萨的摄化众生。一、"于诸众生,邪行正行,俱不舍弃":菩萨的摄化,是不舍弃众生的。就是邪行众生,也不会弃绝他。二、"言常决定":一切教授言说,明确决定,使人能断疑起信。三、"贵真实法":所说的以真实为要,使听者能如所说而向于实证。四、"一切所作,菩提为首":教化众生所有的身教言教,没有世俗的爱染心,都是以回向菩提为主。

如是迦叶! 若人有此三十二法,名为菩萨。

上面以法行、平等行、善行、法住,分别了三十二法。世尊又总结说:"若人有此三十二法",有菩萨的德相,资粮位圆满,才可名符其实地"名为菩萨"了。

丁二　赞菩萨功德

戊一　标说

复次，迦叶！菩萨福德无量无边，当以譬喻因缘故知。

上来说明菩萨的正行，使人因解起行；以下要赞叹菩萨的功德，令人起信生敬。所以世尊又说："迦叶！菩萨福德无量无边"，说也说不尽，也不容易了解，唯有"以譬喻因缘"来说，才可以明白。譬喻，是比喻，也是事例；现在约比喻说。因缘，是举述事由；如用作举例，就与譬喻相同了。譬喻与因缘，为佛说法所常用的。本经虽双举譬喻因缘，而以譬喻为主。

戊二　别赞

己一　地、水、火、风

迦叶！譬如一切大地，众生所用，无分别心，不求其报。菩萨亦尔，从初发心，至坐道场，一切众生皆蒙利益，心无分别，不求其报。

在譬喻的赞说功德中，共十九喻，分为九类；先以四大来譬说。四大，即地、水、火、风。这里的四大，约世俗的假名四大说，不约极微说。

一、地喻："如一切大地，众生所用"。五趣（地狱、饿鬼、旁生、人、地居天）众生，都依大地而住：穿的、吃的、用的，居住睡眠，行来出入，一切都依大地。对众生来说，大地的恩德太大了！然而大地"无分别心"，不会想到这些，对众生也"不求其报"。菩萨也是这样："从初发心，至坐道场"成佛，随时随处利益众生。"一切众生"的任何功德、任何安乐,都是直接间接地依菩萨而成就,"皆蒙"受了菩萨的"利益"。大地是没有分别的心,所以不求报。菩萨是"心无分别",观一切法无我,所以也"不求其报"。一切不为自己,但为利益众生,菩萨是何等的伟大!

迦叶!譬如一切水种,百谷药木皆得增长。菩萨亦尔,自心净故,慈悲普覆一切众生,皆令增长一切善法。

二、水喻:水种,即水界。各有特性,各各类别,叫种。"如一切水种"的滋润,水分充足,而后"百谷、药、木皆得增长":没有水就不生不长,枯槁死了。菩萨也如水一样,由于"自心净"洁,不偏爱自己,所以引发"慈悲,普覆一切众生"。菩萨的慈心普被,以种种教化、种种策励、种种安慰,令众生都能"增长一切善法"——或得人天善法,或得二乘善法,或得菩萨善法、佛善法。如没有广大慈心,如小乘一样,怎能滋润众生、增长善法呢?

迦叶!譬如一切火种,皆能成熟百谷果实。菩萨智慧亦复如是,皆能成熟一切善法。

三、火喻:火是热性,温度。一切植物的生长到成熟,温度是极重要的。在最极寒冷处,植物都不易生长,不要说成熟了。所以说:"如一切火种,皆能成熟百谷、果实。""菩萨智慧"火,也是这样。愚痴无智,为一切不善法的因缘。有智慧,才能向上向善,生长一切善法。拿菩萨行来说:般若如眼目一样,能引导一切善法,到于佛地,一切善法能圆满成就。如没有般若,有漏善法终久要散失灭尽的。所以说:智慧"皆能成熟一切善法"。

迦叶！譬如一切风种，皆能成立一切世界。菩萨方便亦复如是，皆能成立一切佛法。

四、风喻：风是动性。在世界初成立时，先于虚空中有大风轮起，从风轮起水轮，从水轮起金轮，才成大地。这是说，在虚空中，先现起气体的漩涡运动；而后形成液体，到固体。世界成立的过程，从风——气体的运动开始，所以说"如风种，皆能成立一切世界"。"菩萨方便"力也是这样：应时应机，以方便的善巧施设，而后"能成立一切佛法"。

上面四喻，以地、水、火、风，比喻赞叹菩萨的无分别心、清净慈悲心、智慧、方便——不可思议的功德。

己二　月、日

迦叶！譬如月初生时，光明形色日日增长。菩萨净心亦复如是，一切善法日日增长。

五、月喻：世尊又以白月为喻说："如月初生时，光明、形色"——丝月、眉月、弦月、满月，一"日日增长"起来。"菩萨净心"——菩提心，也是这样。从初发心、登地，到佛地，不但一天天清净，与净心相应的"一切善法"也一"日日增长"起来，到功德圆满。

迦叶！譬如日之初出，一时放光，普为一切众生照明。菩萨亦尔，放智慧光，一时普照一切众生。

六、日喻："如日""初出，一时放光，普为一切众生"而作"照明"，成办一切事业。菩萨"放智慧光"，也这样的"一时普照一切众生"。佛菩萨的慧光照明,据《华严经》说:日出先照高山,次照山谷,然后普照平地;有先后不同,怎么说一时普照呢?菩萨的慧光,于众生无分别想,所以是顿照的。至于见或不见、先见或后见,那是众生自己的业力与善根力的关系。

己三　师、象

迦叶!譬如师子兽王,随所至处,不惊不畏。菩萨亦尔,清净持戒,真实智慧,随所住处,不惊不畏。

七、师王喻:"如师子兽王",威勇无比!在深山中,"随所至处",无论遇到什么禽兽,都"不惊不畏"地坦然前进。菩萨也是这样,具足了"清净持戒,真实智慧",所以在生死中,"随所住处"——人间、天上,大众中、空闲处,受赞叹、被毁谤,不论怎样,菩萨一样的心安理得,"不惊不畏"。戒行清净,行为就正当了。真实智慧,知见就不错谬了。有了净戒与真慧,还会有恶道、恶名、不活等惊畏吗?什么也不惊不畏,心安理得,唯为众生而行菩萨道。

迦叶!譬如善调象王,能办大事,身不疲极。菩萨亦尔,善调心故,能为众生作大利益,心无疲倦。

八、象王喻:"如善调"顺了的"象王",在战争时勇往直前,"能办"克敌致胜的"大事"。无论怎样劳苦、创伤,象王还是非常坚强,"身不疲极"。菩萨也是这样,由于止观熏修,极"善调"伏自"心",使心极明净、极安定、极有力量,所以"能为众生作大利益",任劳任怨,"心无疲倦"。

己四　莲花、树根、流水

迦叶！譬如有诸莲花，生于水中，水不能著。菩萨亦尔，生于世间，而世间法所不能污。

　　九、莲花喻："如有"青的、红的、白的"诸莲花，生于水中"，但"水不能著"它。菩萨也是这样，"生于世间"，不免有衣事、食事、住事、行事、彼此往来事、相互谈论事；在家菩萨，更有家庭、社会的一切事。然而菩萨虽行于世间，却是这些"世间法所不能污"染的，心行还是那样的清净解脱！在世间而不为世间法所染，名为"出世"。

迦叶！譬如有人伐树，根在还生。菩萨亦尔，方便力故，虽断结使，有善根爱，还生三界。

　　十、树根喻："如有人伐树"，只砍些枝叶，或截去树干，树"根"既"在，还"是要"生"枝叶的。菩萨在三界中受生的道理，也是这样。三界是众生的生死相续，死了为什么还要生？由于烦恼。烦恼能发业，又能润业使生起果报，所以有了烦恼，就生死不断。声闻行者，断了见所断烦恼，就只剩七番生死；阿罗汉断尽了一切烦恼，就不再招感后有生死了。这样，凡夫在生死，就受苦报；小乘证涅槃，就没有生死。菩萨要长在生死中度众生，才能行菩萨行而成佛。这样的长在生死，与凡夫有什么不同呢？不同，菩萨也是断烦恼的。那为什么又不证涅槃呢？菩萨有悲愿熏修的"方便力"，"虽断结使"（使，是随眠的异译），不再爱著三界，与小乘一样；但还"有善根爱"，深深地爱慕佛菩萨的无边功德善法。虽断结使，不以为完成了，还要志求佛菩萨的难思功德。就以这种善根爱为爱，滋润业力，"还生三界"，广度众生。如没有愿度众生、愿成佛道的方便力，早就小乘一样的证涅槃了。

迦叶！譬如诸方流水，入大海已，皆为一味。菩萨亦尔，以种种门集诸善根，回向阿耨多罗三藐三菩提，皆为一味。

十一、流水喻：溪、涧、江、河，叫流水。"如诸方流水"，清浊、咸淡、甘苦，种种不同。等到流"入大海"，那就"皆为一味"——咸味，不再有江水、河水等分别了。菩萨也是这样，"以种种门"——信愿门、智慧门、慈悲门、施门、戒门等种种门，修"集诸善根"，各不相同。但这一切善根，和集一同"回向阿耨多罗三藐三菩提"。等到同归如来的一切智海，一一法都竖穷横遍，"皆为一味"——大解脱味了。

己五　山王、国王

迦叶！譬如须弥山王，忉利诸天，及四天王，皆依止住。菩萨菩提心亦复如是，为萨婆若所依止住。

十二、山王喻：这也可与上流水为一类。须弥山，意译为妙高山。拔海八万由旬，为一切山中最高的，所以叫山王。"如须弥山王，忉利诸天，及四天王，皆依止"而"住"。须弥山拔海的半山（出海四万由旬），有四大王众天——东方持国天王、南方增长天王、西方广目天王、北方多闻天王。四天王统摄八部鬼神，守护世界。在须弥山顶上，有忉利天。忉利是梵语，意译为三十三。山顶四方各有八天，如封疆大臣；中央有释迦提婆因陀罗（简译释提桓因，或帝释天），为忉利天王；合称三十三天。四大王众天与忉利天,都依须弥山而住,名地居天。"菩萨菩提心",也这样的"为萨婆若所依止住"。梵语萨婆若,华译为一切智,就是佛的大菩提。菩提心为因,一切智为果,果依因立。大地中最高最胜的,是须弥山顶的帝释;一切众生中最尊胜的,莫过依菩提心的佛菩提了!

迦叶! 譬如有大国王,以臣力故能办国事。菩萨智慧亦复如是,方便力故,皆能成办一切佛事。

十三、国王喻:"如有大国王",他的国土既大,人民又多,国王怎样能治理呢? 国王"以"文武大"臣力故能办国事";国王只是总其成,统御百官去治理而已。这样,"菩萨智慧"证入一切法空性,平等不二;"般若将入毕竟空,绝诸戏论",也是不能安立作为的。但依般若起"方便力"(或称为依根本智起后得智),"方便将出毕竟空,严土熟生",就"能成办一切佛事"。般若如王,方便如大臣一样。

己六　阴云

迦叶! 譬如天晴明时,净无云翳,必无雨相。寡闻菩萨无法雨相,亦复如是。迦叶! 譬如天阴云时,必能降雨,充足众生。菩萨亦尔,从大悲云起大法雨,利益众生。

十四、阴云喻:本喻有晴明、阴云二喻;但从称叹菩萨功德来说,只有阴云一喻。先反喻:"如天晴明时",虚空"净无云翳",那是"必无雨相"。这如"寡闻菩萨"一样,慧力不足,不会说法,必"无法雨"的。然后正喻说:"如天阴云时,必能降雨,充足众生"的需求。真实菩萨也是这样,"从大悲云,起大法雨,利益众生"。如《法华经》所说：三草二木，各得受润生长一样。

己七　轮王、摩尼珠

迦叶！譬如随转轮王所出之处，则有七宝。如是迦叶！菩萨出时，三十七品现于世间。

十五、轮王喻：转轮圣王，是统一天下、以正法化世的仁王。据说，"随转轮王所出"的世界，就"有七宝"出现。七宝是：军事领袖的主兵臣宝；理财专家的主藏臣宝；化洽宫内的女宝（王后）。象宝、马宝，是快速的交通工具。珠宝是夜光珠，在黑夜中照明军营。轮宝是圆形武器，从千里万里外飞来，威力惊人，见了都无条件地降伏。轮王以此七宝统一天下。"菩萨出"世"时"，也有七宝——"三十七品现于世间"。三十七品，即三十七道品，为修行解脱的德行项目。三十七品也分为七类：四念处、四正勤、四神足、五根、五力、七菩提分、八圣道分。这与轮王的七宝一样。

迦叶！譬如随摩尼珠所在之处，则有无量金银珍宝。菩萨亦尔，随所出处，则有无量百千声闻辟支佛宝。

十六、摩尼珠喻：摩尼珠，意译为如意珠，这是非常神妙的！"如随摩尼珠所在之处"，就会"有无量金银珍宝"从摩尼珠中出来。菩萨也是这样，"随所出处"，化导众生，就有"无量百千声闻、辟支佛宝"。辟支佛，即缘觉或独觉。声闻与独觉，为小乘二圣，都从大乘菩萨而来。

上轮王喻，说明了有菩萨就有法宝；摩尼珠喻，说有了菩萨，就有小乘圣者——人宝。

己八　同等园

迦叶！譬如忉利诸天，入同等园，所用之物皆悉同等。菩萨亦尔，真净心故，于众生中平等教化。

　　十七、同等园喻："如忉利诸天"人，本来随福力大小，穿的、吃的、用的、玩的，都优劣不同。可是进"入同等园"去游玩时，"所用之物"就一律"同等"，没有差别了。同等园，为忉利天四园之一，唐译作杂林园。菩萨也是这样，由于真"净心"的体验，证得平等不二法性。本着真净平等来观一切，所以能"于众生中平等教化"，不生差别想。教法的差别，只是适应的机感不同而已。

己九　咒药、粪秽

迦叶！譬如咒术药力，毒不害人。菩萨结毒亦复如是，智慧力故，不堕恶道。

　　十八、咒药喻："如咒术药力"，能使"毒不害人"。毒，或是毒药，或是蛇蝎等毒，本是要伤害人命的。但如以药力来消解，或以咒术来制伏，毒力就不会害人了。这样"菩萨"的"结（使）毒"，虽本来是使人作恶、使人堕落的，但有了"智慧力"，虽有烦恼结毒，也就"不堕恶道"。所以说："若人生世间，正见增上者，虽复百千生，终不堕地狱。"结毒为菩萨的智慧所制伏，虽有而不成大害。这所以菩萨能不断尽烦恼，久在生死中度众生，而没有堕落的危险。

迦叶！譬如诸大城中所弃粪秽，若置甘蔗蒲桃田中，则有利益。菩萨结使亦复如是，所有遗余，皆是利益，萨婆若因缘故。

十九、粪秽喻："如诸大城中所弃粪秽"，垃圾呀，粪便呀，非立即清理不可。可是，到了农夫手里，"若置"放在"甘蔗、蒲桃田中"作为肥料，那不但不讨厌，反而"有利益"了。"菩萨结使"，也是这样。在凡夫、小乘人看来，这是最要不得的。可是在菩萨心中，除了断除的以外，"所有遗余"的善根爱等，不但不坏，反而"皆是利益"，因为这是"萨婆若因缘"。菩萨有烦恼的剩余，所以能生三界，在生死中度众生；因为这样，才能成就萨婆若。菩萨对于烦恼，如农夫对粪秽一样，不但不嫌恶它，而且还要好好地利用它。

上喻说菩萨有烦恼而不为害，下喻说菩萨有烦恼才能成佛。

上来以十九喻，赞说菩萨的功德，充分显示了菩萨的伟大！

丙二　习甚深中观

丁一　明正观真实

戊一　开示中观

己一　标说

如是迦叶！菩萨欲学是宝积经者，常应修习正观诸法。云何为正观？所谓真实思惟诸法。

菩萨积集无边正行的福智资粮，等到正行成就，也就是资粮位满，要进入加行位，正观法性以趋入见道（登初地）了，所以接着说修习甚深中观。但并非以前不曾修习，早已是从闻而思，从思而修。不过进入加行位时，专重于中观的修习罢了！在这一大章中，也是先明菩萨的修习，再赞说菩萨的功德。明正观真实中，分二科，第一是开示中观。

依本经及中观家的意思，正观、中观、真实观，为同一含义的不同名词。不邪为正，不偏（二边）为中，不虚妄为真实。古称中观论为正观论；睿公又说："以中为名者，照其实也。"所以佛法的中观，不是模棱两可、协调折中，而是彻底的、真实的、恰到好处的。中观、正观，都是观察究竟真理的观慧。说到观，梵语毗钵舍那。经上说："能正思择，最极思择，周遍寻思，周遍伺察，若忍、若乐、若慧、若见、若观，是名毗钵舍那。"所以观与止的德用不同，是思择的、推求的、观察的。不过观有世俗的、胜义的不同；中观是真实的思择、推求，是胜义的观。

说到这里，应知一般众生的心识作用，都是不曾经过寻求真实，而只是随顺世俗安立的。不要说常识的，就是科学、哲学，被称为精密的、求真的，也不过是常识的精制。依据一些假定的原理，或以为"自明"的东西，来假定、推论、证实。从没有能够不预存成见，不假定原理，真从现实事相去直探真实的。众生的一般心境如此，所以无论是常识或常识的精制品——科学、哲学，都只能在相对世界中，寻求相对的真实（现代的相对论，也不能例外），而不能彻见究竟的绝对真实。也就因此，不能彻了真实，所以不能彻底解脱。唯有佛才能正觉了，解脱了（以此教化众生，同得正觉、解脱）。佛是从事事物物的缘起依存中，发见事物的矛盾对立，从此而深入透出，契入真实。这是不同于世间的一般思想方式，而有独到的、特殊的观法，所以叫胜义观。在修学时，虽还是众生的虚妄识，但与一般的思想方式不同，不随顺世俗，而却能顺向于究竟的真实。有了这独到的、不共世间的观慧，所以能不落世间常情，豁破两边，直入真理。能契应绝对的真实，才能真正地了脱生死。这是不同于世俗心境的甚深观。说难呢，不论怎样的聪明，就是能从星球上来回，还不是世间常途，与此事无关。说容易呢，七岁沙弥均提、愚笨如周利槃陀伽，都彻证了（没有悲愿方便，就成为小乘）。约世俗心境所不能契入说，所以称为甚深最甚深。龙树菩萨综集经中的深观，而作《中观论》，最完备地开示了中道的正观，为求解脱的不二门（瑜伽大乘师，对本章作十三种中道观来解说，不及中观大乘的精要）。

世尊要开示中观，先总标劝学说："迦叶！菩萨欲学是宝积经"——法门，那就常"常应修习正观诸法"。宝积法门，不但是广大正行，而更重要的是甚深中观，所以对于一切法（《般若经》中列举一切法，从五蕴到佛无上菩提），要或别或总的，常修正观。但这句话，还不大明白，所以问"何为正观"？世尊解说为"真实思惟诸法"。真实就是正，思惟（寻思，思择）就是观。意思说：思择或寻伺一切法的究竟真实，才是正观，这就是加行位菩萨所应专修的中观。

己二　别示

庚一　我空观

真实正观者，不观我、人、众生、寿命，是名中道真实正观。

思择真实的中观，就是空观（龙树作《中观论》，而处处观空）。大乘约我空、法空，作分别的思择。我，是有情识的，如人、天、鬼、畜等都是。法，是特性的存在；是我所依的，我所有的。约世俗的复合物说，如山河大地，血肉筋骨，都是我所依的法。血肉筋骨，以及衣、车、田、屋，为自己所摄取的，就是我所有的法。约世俗的实法说，如极微、电子等，都是我所依的法，依之而显有我的存在。现在先观我空。

什么是我？世间立有种种的名字（《般若经》举十六名）；本经与《金刚经》一样，举四个名词。我，是主宰义，就是自主的支配一切。人人愿意自由作主，支配其他，直觉有自主而能支配的自体。我是印度学术中重要术语之一，最为常用。人（这里不是约人类的人说），是思惟义，有意识活动，觉得有思惟的主体。众生，意义为不断受生死，觉得有历受生死的主体。寿命或作寿者，一期的生存为寿命，从而觉得有无限的生命自体。这些，本是世间有情的现象之一，有意志力（权力意志），有思惟作用，有生死死生，有寿命延续。但主宰的是谁？思惟者是谁？受生死者是谁？寿命者是谁？这些，众生的世俗心境从来不曾彻见究竟，只是无始以来的习见，想当然地认为有自我、思惟等自体，而且非有不可。这到了哲学家、神教徒手里，虽然各说各的，大抵推论出微妙的、真常自在的神我（灵体）、绝对主体之类。其实，这种真常本净的我，源于无始来的习见，成为生死的根源。所以佛陀开示的"真实正观"，要以种种观门，来思择这我、人、众生、寿命了不可得，也就是"无我相、无人相、无众生相、无寿者相"。求我、人、众生、寿命的自性不可得，叫"不观我、人、众生、寿命"，并非闭起心眼，麻木自己，不去观他就算了。这样的我不可得——我空，"是名中道真实正观"；这才是究竟的、彻底的、正确的体认。

到底怎样去观察我不可得呢？经论中，约有无门、生灭门、

自他门、一异门、总别门、离合门——无量的观门来思择,门门通
大道,都归结于空不可得。今试略举即离门来观察:如执有我自
体的,推论起来,非实有、常有、自有不可。但到底什么是我呢?
就是我们的身心吗? 还是离身心而别有我体呢? 如就是身心,
那身心是因缘所生,生灭无常,我也应该这样了。果真这样,我
为因缘所决定,不息变化,那就非常有、自有,也就不成其为我
了! 如说就是身心,那到底是身、是心,还是身心的综合。如是
身,那我应同于物质,不应有知觉了。如是心,那应与身体无关。
如是身心的综合,那就是复合的假有,没有真实自体了。假使
说:离身心而别有我体,那怎么知道有我呢? 世俗所说的我,无
非是我见(眼)我闻(耳),我来我去(身),我苦我乐(受),我想,
我行,我知识;离了这些,怎么知道有我呢? 如与身心截然别体,
那怎么会与身心有关呢? 所以审谛观察起来,求我了不可得。
一般人的著我,是由于无始来习见的影响,不自觉地认为一定有
我。而哲学家、神学家,推论为形而上的、本体论的真我,全属于
幻想的产物。佛正觉了这,所以以执我为生死的根源,而无我为
解脱的要门。

　　庚二　法空观

　　辛一　蕴(处)界观

　　壬一　观非常非无常

　　癸一　观真实

复次,迦叶! 真实观者,观色非常亦非无常,观受想行识非常
亦非无常,是名中道真实正观。

　　本经的法空观,略举蕴(处)界、缘起来观察。正观法性空,略有二门,因为任何法的存在,都是待他显己的。所以经论的正观,或约自性以显性空,或约相待以明中道。没有自性,名为空;不落二边,称为中。在本经本节中,多约相待门说。

　　观非常非无常中,先观真实,后显中道。观中,先就五蕴来观察。色是变碍义(物质),受是领纳义(情绪作用),想是取像义(认识作用),行是迁流造作义(意志作用),识是了别义(主观心体)。色是物质的,受、想、行、识是精神的。据佛的正觉开示,人生宇宙,不外这五事(无我)而已。这五事的每一法中,含有非常多的法。如色中,有眼、耳、鼻、舌、身、色、声、香、味、触,地、水、火、风等。有粗的、细的,过去的、现在的、未来的等,种种的聚合为一,同名为色,所以叫色蕴;蕴是积聚的意思。受、想、行、识,也是这样。这五蕴,是佛对现实的大类分别,现在就依此来观察真实。

　　世尊说:“迦叶! 真实观”是这样的:“观色非常亦非无常,观受、想、行、识非常亦非无常。”对色等五蕴,观察得常与无常都不可得,那就“名中道真实正观”了。常与无常,到底是什么意义? 现实的色法、心法,都有时间相的。从时间去观察它,如前后完全一致,没有一些儿差别,那就是常(不变)。如前与后不同,生灭变异了,那就是无常。为什么真实观察起来,非是常呢? 常是没有生灭变异可说的;而现实的色法、心法,无疑的都在生灭、成坏、生死——变动不居的情况中,怎么会是常呢? 如果是常的,那就一成不变,也就没有因果生灭的现象了。所以常是倒见,真实观察起来,常性是不可得的。这样,应该是无常

（生灭），佛不是也说"诸行无常"是法印（真理）吗？的确，佛也以无常生灭来说明一切，也以无常为法印。但佛是从如幻的世俗假名去说无常，是以无常而观常性不可得的。所以说：无常是"无有常"，是"常性不可得"。如执为实有生灭无常，那就与佛的意趣不合，非落于断见不可。如就世俗的观察，当然有生灭无常（也是相续）的现象。但如据此为实有而作进一步的观察，就越来越有问题了。如析一年为十二月，一月为三十日，昨日与今日，有了变异，当然可说是无常了。再进一步，析一日为二十四小时，一小时为六十分，一分为六十秒：前秒与后秒间，可以说无常吗？一直推论到、分析到分无可分的时间点（"无分刹那"），名为刹那。这一刹那，还有前后生灭相吗？如说有，那还不是时间的极点，而还可以分析。如说没有，这一刹那就失去了无常相了。而且，这样的前刹那与后刹那，有差别可说吗？如说没有，那就成为常住，也就失去时间相了。如说有，那前与后不同，失去了关联，也就成为中断了。所以一般思想（不离自性见）下的无常生灭，如作为真实去观察，非落于断见不可。如色等法是有实性的，那就以常无常观察，应可以决定。而实常与无常都不可得，所以法性本空。佛说无常以遮常见，如执为实有，即违反佛意。所以说："常与无常，俱是邪见。"

复次，迦叶！真实观者，观地种非常亦非无常；观水火风种非常亦非无常，是名中道真实正观。

再以界来观察。界，后代论师举十八界为代表，而在阿含及古典阿毗昙中，实以六界为主。地、水、火、风、空、识——六界，或译为六种（《中论》也这样），是种类差别的意思。本经略举四大来观察,四大约色法(物质)所依的通遍特性说。地是坚性,有任持的作用。水是湿性,有凝摄的作用。火是热性,有熟变的作用。风是动性,有轻动的作用。一切物质,在凝聚到坚定、熟变(分化)到轻动的过程中。审细观察起来,这是一切色法内在的通性(所以叫大),是一切色法所不能离的,所以称四大为"能造"(色法依之而成立),说"四大不离"。

依"真实观"察起来,"观地种非常亦非无常;观水火风种非常亦非无常"。能这样地观察,"是名中道真实正观"。为什么非常非无常呢?如是常的,那就应性常如一,而没有四大可说。有四大差别,有四大作用的起灭增减,怎么可说是常呢?如果说是无常,那坚性应可以化为湿性……热性也可以化为湿性、坚性了。这样,就不能说是界,界是"自性不失"的意义呢!所以,观四大非常非无常,显得四大是如幻假名,而没有实性可得了。

癸二　显中道

所以者何?以常是一边,无常是一边;常无常是中无色无形无明无知,是名中道诸法实观。

在文句上,是承观四界而来。而意义上,是总承蕴与界的观察而来。这样的观非常非无常,为什么名为中道真实正观呢?"以常是一边,无常是一边";边有偏邪非中非正的意思。即不落二边,那当然是中道正观了。不落二边,这又是什么意思呢?众生心有戏论,于一切意象、一切言说,都是相对的、顺世俗的、不著于常即著无常的。现在从真实去观察,了得常与无常都不可得。观心渐深时,观心上的常无常相,起灭不住而了无实性。

久之,常无常不现,空相现前。再进,空相也脱落了,超越了一切相对的能所、彼此、时空、数量,而现证真实。所以说"常无常是中无色无形无明无知",就是从常与无常的相对中透出,而现证无色无形的中道。依《瑜伽论》有六句,本译但出四句:一、无色,这不是色根识所得的。二、无形(相),既不是五根识所得,也就不是色等五尘相了。三、无明,这也不是意根识所明了的。四、无知,也不是杂染的有漏识所知的。这四句,说明了不落二边,非有漏心识所得,而唯是般若现证的。《般若经》说:"慧眼于一切法都无所见",这就是真见道的现证,"是名中道诸法实观"。

本经的中道实观,重于此(与《般若经》同)。现证以后,起方便智;五地以上,才得真俗并观的中道,那是进一步的中道了。

壬二　观非我非无我

我是一边,无我是一边;我无我是中无色无形无明无知,是名中道诸法实观。

再以我无我门来观察。这也应有观蕴、观界非我亦非无我等文。经文但直显中道,准上文可知。

随世俗说,因缘和合而成的、有心识的众生,就是我。众生妄执有实我,所以佛常说诸法无我。但"我是一边,无我是一边",都是世俗的、相对的。如作为真实观时,那不但我不可得(如上文我空观所说),无我也不可得了。为什么呢?佛说无我,是我性不可得。众生尽管没有实性,而如幻众生的因果相续、生死不已,是宛然而有的,所以说:"毕竟空中,不碍众生。"

所以如从即空的世俗如幻来说，不能说没有（假名）我。如从即
幻的性空，胜义自证来说，那不但没有我相，也没有无我相可得。
能这样的超越"我无我"二边，通达"是中无色无形无明无知，是
名中道诸法实观"。

壬三　观心非实非非实

**复次，迦叶！ 若心有实是为一边，若心非实是为一边；若无心
识，亦无心数法，是名中道诸法实观。**

　　再以心的实不实门来观察。我，是如幻身心的综和，而核心
是心识。所以有的经论，就依心识立我。现在来观察心识，是实
有呢，非实有呢？ 这可以作二释：一、如心没有自体，待境界缘而
生；或依根身（生理组织）而有心识，如顺世外道等说，那心是非
实有了。如虽然依根缘境，而心有它的自性；或分析心聚，而得
心与心所等——自性，如阿毗昙论师所说，那心是实有了。二、
如从无始以来，心是虚妄分别的，那是非实了。如有不灭的常
心，那是实了。现在佛告诉"迦叶！ 若心有实，是为一边；若心
非实，是为一边"。实与非实，是世俗的相对安立。如作为真实
的，那是常是实，也就不必待缘而有了；或不待修行而早就觉证
了。虚妄无实的，也就等于龟毛兔角了！ 所以就世俗说，心如幻
化，缘起而有，不能说是实，也不能说非实。约胜义说，实与非
实，都是名言假立，胜义中是了不可得的。这样，在真实观时，能
"若无心识，亦无心数法，是名中道诸法实观"了。心识，是心
王，即六识（七识、八识）。心数，新译作心所。心中所有种种的
心用，系属于心的，名为心所。中道真实观中，心心所不可得，也

如《解深密经》所说：“若诸菩萨，于内各别，如实不见阿陀那，不见阿陀那识；不见阿赖耶，不见阿赖耶识；不见积集，不见心；不见眼色及眼识……不见意法及意识：是名胜义善巧菩萨。”

壬四　例观诸门

如是善法、不善法，世法、出世法，有罪法、无罪法，有漏法、无漏法，有为法、无为法，乃至有垢法、无垢法，亦复如是离于二边，而不可受，亦不可说，是名中道诸法实观。

再例观种种相对的二门。一、“善法、不善法”：凡顺于法（理）的、有益于他的、能得未来世出世乐的，名为善法。反之，不顺于法的、有损于他的、能招感未来苦果的，名不善法。二、“世法、出世法”：系属于三界生死的，叫世间法。如心离系缚，一切无漏的心行功德，名出世法；出是超胜的意义。三、“有罪法、无罪法”：罪是过失；心有所取著，取著的都有过失，名有罪法。如心无所著，无所得，名无罪法。四、“有漏法、无漏法”：漏是烦恼的别名。能起烦恼，能增益烦恼的，叫有漏法。如不能增益烦恼的，名无漏法。五、“有为法、无为法”：迁流造作的，也就是有生有灭的，叫有为法。不生不灭的，名无为法。六、“有垢法、无垢法”：垢是垢染；这与有罪、无罪法一样。经论所说相对的二法门非常多，本经且略举六门。这一切，如观察而能达到“离于二边”，不是有漏心行所行的，所以“不可受”，受是取的异译；也不是文字言说的境界，所以“不可说”。能这样，“是名中道诸法实观”。

壬五　观非有非无

复次,迦叶!　有是一边,无是一边;有无中间,无色无形无明无知,是名中道诸法实观。

末了,再以有无门来观察。有无是一切见的根本,所以以此门来结束。众生为无始以来的自性见所蒙惑,所以不是执有,就是执无。要说有,就非实有不可;如说非实有,就以为什么都没有了。虽然,众生也承认假有,但在说假有时,当下就肯定了实有,也就是假有依实有而有。"依实立假",是众生的见解。"一切是假有",这是众生情见所不能想像、也不能肯认的。所以在众生的心境中,推求到究竟,不是实有,就是什么都没有(无)了。佛在阿含的《化迦旃延经》中,已明确地以缘起来遮破这有无二见了。从一切法去观察,如真的是实有,那就不必依待因缘了,如真的没有,也就用不着因缘了。而世间一切是缘起的,幻幻相依,幻幻相摄,从缘起如幻的起灭中,不著有见与无见。所以本经说:"有是一边,无是一边;有无中间,无色无形无明无知,是名中道诸法实观。"

辛二　缘起观

壬一　叙缘起

复次,迦叶!　我所说法,十二因缘:无明缘行,行缘识,识缘名色,名色缘六入,六入缘触,触缘受,受缘爱,爱缘取,取缘有,有缘生,生缘老死忧悲苦恼:如是因缘,但为集成是大苦聚。若无明灭则行灭,行灭故识灭,识灭故名色灭,名色灭故六入

灭,六入灭故触灭,触灭故受灭,受灭故爱灭,爱灭故取灭,取灭故有灭,有灭故生灭,生灭故如是老死忧悲众恼大苦皆灭。

　　因缘,新译作缘起,是为缘能起的意思。世尊依缘起而觉悟,也依缘起而说法。所以如来常说"我说缘起";也就是本经说的"我所说法,十二因缘"。佛说法不离缘起,而最常用的是十二缘起,一般称之为业感缘起。其实,佛以生死及解脱为问题核心,而十二缘起,就圆满地开显了这个问题。所以十二缘起有二门:一、流转门,如说:"无明缘行……但为集成是大苦聚",这说明了生死相续的生死序列。果必从因,推求观察生死苦果的因缘而到达无明,也就是发见了无限生死的症结所在。在"此有故彼有,此生故彼生"的缘起法则下,显示了生死流转的现实。二、还灭门,如说:"无明灭则行灭……如是老死忧悲众恼大苦皆灭。"既然是果必从因,依因有果,那就发见了解脱的可能;也就是因灭果就灭,无因果不生了。在"此无故彼无,此灭故彼灭"的缘起法则下,开显了涅槃还灭的真实。生死与解脱,都依十二缘起而开显,这是如来说法的肝心!

　　现在来略为解说。一、无明:是一切烦恼的通性,最根本最一般的,如《般若经》说:"诸法无所有,如是有;如是无所有,愚夫不知,名为无明。"一切法是本无自性的,是从缘而现为这样的。这样的从缘而有,其实是无所有——空的真相;如不能了达,就是无明。众生在见闻觉知中,直觉地感到——法本来如此,确实如此。既不能直觉到缘有,更不知性空。这种直觉的实在感,就是众生的生死根源——无明。二、行:行是造作迁流的意思,指依无明而起的身心活动。约性质说,有罪行、福行、不动

行;约所依说,有身行、语行、意行。身心动作及引起的动力
(业),名为行。三、识:泛称一切生死的因缘,是烦恼与业。约
这一生来说,新生命开始最初的一念心,名为识。四、名色:依人
类的胎生来说:识是父母精血结合的最初心。依之而引起生理
的(色)、心理的(名)开展,在六根未成就位,名名色。五、六入:
新译六处,即六根,为六识生起的所依处。胎儿渐长,有眼、耳等
六根相现,名六入。六、触:等到胎儿出生,与境相触,引起身心
的活动,名触。七、受:受是领纳。婴儿渐大,受用受学,受苦受
乐等,名受。八、爱:到了成人,性欲发动,而开始男女的染爱,名
爱。九、取:到了壮年,为了生活,为了事业,争名争利争权,追求
外在的一切,占有它、支配它,名取。十、有:在爱取的活动中,造
成或善或恶的种种业,成为未来新生命的潜力,名有。十一、生:
依现生的烦恼发业,因业力而又有未来新生命的开始,名生。十
二、生了,无论如何,跟着来的,是老是死。这样,在生死过程中,
因果钩引,展转相生,充满了忧虑、悲哀、苦痛、热恼。生死相续,
只是无限苦恼的大集合而已!

壬二　显中道

明与无明,无二无别,如是知者,是名中道诸法实观。如是行
及非行,识及所识,名色可见及不可见,诸六入处及六神通,
触及所触,受与受灭,爱与爱灭,取与取灭,有与有灭,生与生
灭,老死与老死灭,是皆无二无别;如是知者,是名中道诸法
实观。

佛说缘起,本就是开示中道的,所以《阿含经》中一再说:

"离是二边说中道,所谓此有故彼有,此生故彼生;无明缘行。"如《化迦旃延经》说:佛弟子见缘起生,不起无见;见缘起灭,不起有见。因为缘起是世俗的,如幻的生灭,所以不落二边,契入中道。但有些佛弟子,见佛说十二缘起,流转还灭,就执有无明等自性,以为实有生灭可得。这样的与佛的意趣相反,所以佛又不得不说:"无无明,亦无无明尽(尽与灭相同);乃至无老死,亦无老死尽。"本经也就依十二缘起的流转还灭,来显示本性空的中道。

说到无明,就离不了明,无明待明而安立。无明是愚痴,明就是般若。"明与无明",是相待的假名,了无自性;以本性空寂,所以"无二无别"。烦恼与菩提,都空无自性。能通达烦恼的自性不可得,就是菩提;如取著菩提相,就是烦恼,所以说烦恼即菩提。能"如是知","是名中道诸法实观"。

"行及非行":非行是非造作性。如思是行,受想等非行;善恶法是行,无记法非行;有漏法是行,无漏法非行。"识及所识":所识是所知识的,是认识的对象;识不能离所识而存在。"名色可见及不可见":名是受想行识,色是色。大概来说,名是不可见的,色是可见的。审细地分别起来,色中的色是可见的;声、香、味、触、眼、耳、鼻、舌、身,也是不可见的。或者说:五根为天眼所见。"诸六入处及六神通":众生的六入(六根,为生识的所依处),眼但能见色,耳但能闻声,限碍不通。圣者到六根自在互用,即成六神通。如约一般的六通说:天眼通与眼,天耳通与耳有关;神境通与身有关;他心、宿命、漏尽通与意有关。"触及所触":触是根、境、识——三和,有触就有所触的。"受与受

灭"，到"老死与老死灭"，正约流转还灭的相待说。这一切都是
相待的，由于本性空寂，所以"皆是无二无别"。能"如是知"，
"是名中道诸法实观"。

戊二　抉择深义

己一　显了空义

庚一　法空

复次，迦叶！真实观者，不以空故令诸法空，但法性自空。不以无相故令法无相，但法自无相。不以无愿故令法无愿，但法自无愿。不以无起、无生、无取、无性故，令法无起、无取、无性，但法自无起、无取、无性。如是观者，是名实观。

上来虽已经开示中观，但空义是甚深的，还得再加抉择显了，以免学者的误会。这又分三节，先显了空义。显了，是以语言文字使空义更为明了，这又分法空、我空来说。

说到这里，先应略说空的差别。佛说空，都是修行法门，但略有三类不同：一、"分破空"：以分析的观法来通达空；经中名为散空，天台称之为析空。如色法，分分地分析起来，分析到分无可分时，名"邻虚尘"，即到了空的边缘。再进，就有空相现前。但这是假观而不是实观，因为这样的分析，即使分析到千万亿分之一，也还是有，还是色。二、"观空"：如瑜伽师的观心自在，观青即青相现前，观空即空相现前。因为随心所转，可知是空的。但还不彻底，因以观空的方法来观空，观心是怎么也不能空的。事实上，他们也决不许心也是空的。这二种法门，佛确也曾说过，也可以祛息许多烦恼颠倒，但不能究竟，究竟的是第三、

"自性空"：不是分破了才空，也不是随心转而空；空是一切法的本性如此。如《阿含经》也说："诸行空：常空……我我所空；性自尔故。"所以，佛说法性空，不是以观的力量来消灭什么，而只是因观而通达一切法的本来面目。如古人"杯弓蛇影"的故事一样，以为吞了蛇，所以忧疑成病。现在使他自觉到根本没有蛇，忧疑病苦就好了。所以，观空是祛除错觉，达于一切法的本性空，这才是大乘究竟空义。否则，众生为情见所缚，不能彻了真空，终于又背空而回到"有"中去安身立命。

空，是本性空，绝一切戏论的毕竟空，所以说"空"就圆满地显示了中道。但为了适应机宜，又说为无相、无愿（古译为无作），合名三解脱门。又每说无起、无生（无灭）、无取、无性等，使众生同归于一实。依大乘了义说，"空无相无愿，同缘实相"。无自性以离见，名空；离相以息分别，名无相；离取著以息思愿，名无愿。但也不妨约偏胜说：依"诸法无我"即名空，依"涅槃寂静"即名无相，依"诸行无常"即名无愿。也可作浅深说：空一切而有空相现（其实毕竟空是空也不可得的），所以说无相。虽达境无相，而心还有所著，所以又说无愿。但这都是方便善巧，三解脱门是平等一如的。起是现起，生是生起，与起相近；但起可能是错乱，而生是因缘生。本译在"无生"下，还有"无我"二字。参照别译，这应该是衍文，所以删去了。无取，是无所取著。无性，是没有自性。如总相地说，从无相到无性，都是空的异名。

现在依文来解说。佛说："迦叶！真实观"——中道正观是这样的：并"不以空"三昧的观力，"令诸法"的有性成"空，但是"法性自空"。本性是空的，以观照去观察，只是觉了它的本来如此而已。这是本性空、自空，不是他空；这才是中道的真实正观。依此可见，空观、真实观、中道观，是一样的。同样的，并"不以无相"三昧力，所以诸"法无相，但法自无相"；也"不以无愿"的观力，所以诸"法无愿，但法自无愿"。这样，佛说的"无起、无生、无取、无性"，都是这样的本来如此。能"如是观"本性空，"是名实观"，而不是分破空、观空等他空的观门。

庚二　人空

复次，迦叶！非无人故名曰为空，但空自空。前际空，后际空，中际亦空。当依于空，莫依于人。

　　人空，就是我空。我空的意义，与上说的法空一样。佛又说："迦叶！非无人故名曰为空，但空自空。"这是说，并非以无我观力，除灭了人才叫空，而只是我性本来不可得。为了说明这人（我）性本来不可得，所以接着说："前际空，后际空，中际亦空。"际是边际，前际是过去，一直到过去过去。后际是未来，一直到未来未来。在过未中间，叫中际，就是现在。人（我），是死生流转的，从过去世到现在，又从现生到未来世的。如人我是实有的，那一定在这三际中。但真实地观察起来，过去我不可得，现在我不可得，未来我也不可得。于三世中求我不可得，可见空性是本来无我了。

　　多数声闻及一分大乘学者，以为我空与法空不同，所以虽通达我空，却可以不知道法空，甚至否认法空的。但一分声闻及大乘中观者，完全不同意这种误解。我空及法空，只是正观所依的对象不同，而照见的性空并无差别。如稻草火与煤炭火，约火所依的草及炭说、火力的强弱说,虽有不同;而约火热性、烧用说,怎能说有不同? 依此,声闻法多说无我,大乘法多说空,是习用的名词多少不同,而非性空有什么不同。据这样的正见来说,如声闻者证得我空,他可以不再观法空,但决不会执法实有。因为如作真实观时,他怎样了解无我,就会同样地了解法空。反之,如执法实有,不信法空,那他决没有真正通达无我,而是增上慢人,自以为证果而已。所以《大般若经》明说:须陀洹(初果)及阿罗汉,一定会信解法空的。《金刚经》更显然说:"若取法相,即著我人众生寿者。若取非法相,即著我人众生寿者。"本经依本性空明法空,也依本性空来明人空,这可见中观者的正见,是充分了解大乘正观的真义。

末了,佛又说:"当依于空,莫依于人。"这两句,似乎很突然,但实在非常重要! 这里的空,是空性(空相、真如等)。佛所开示的正观,要依此空性而修证,切莫依人而信解修证。原来印度的婆罗门教,以为要得解脱,非有真我的智慧不可。能通达真我,才能得解脱。释迦佛的特法,就是全盘否定了这种形而上的真我论。始终说:"无常故苦,苦故无我,无我故无我所,则得涅槃。"换言之,非彻底照破了真常我,才能解脱。所以在佛弟子的现证时,每说:"知法、入法,但见于法,不见于我。"法是正法(妙法,即法性、涅槃),在觉证中,但是体见正法,根本没有我可见可得。一般学佛者,不知外道的我是怎样的,就自以为所修所证,与外道的我不同;其实,佛与外道的修证(外道也有修行、宗教经验,也自以为证悟得解脱的)不同,在说明上是很希微的。如说:体见到真的、常的、清净的、安乐的、不生不灭的、无二无别的、不可思议的。这些句义,都难于显出外道与佛法的不同。但这样的经验,外道一定说,这是真我(或者说是神)。这是说,这是有意志性的。所以把自己的宗教经验描写为生命主体,绝对主观;或者神化为宇宙的真宰——耶和华、梵天等。但佛弟子的体验与外道不同,是"但见于法,不见于人"的。所以在世俗的安立说明中,虽说如智不二,而但说为一切法性,不生不灭,而没有给予意志的特性,当然也不称为真我,不想像为创造神了。本经在说明我性本空时,特别说到"当依于空,莫依于人",真是切要之极! 不过,众生从无始以来,我见熏心,所以也不免有佛弟子还在体见真我,自以为究竟呢!

己二　遣除情计

庚一　取圆成实相

若以得空便依于空,是于佛法则为退堕。如是迦叶! 宁起我见积若须弥,非以空见起增上慢。所以者何? 一切诸见,以空得脱,若起空见,则不可除。

于中道正观的修学,如不能善巧,或执空,或著有,都是不契中道的。所以佛举譬喻来说——约三性以遣情执。先说取圆成实相。

圆成实相,就是法空(真如、法性等)。古来有"二空即真"、"二空所显"二宗。佛在经中,或称为空,或称为空性、空相,所以在安立言说边,这都是可以的。空以离情执为用,但如专以遮破为空,那是不对的,因为空也意味那因遮而显的。但空所显性,是绝无戏论的,超越相待安立的,能称之为什么呢! 虽不妨

"离执寄诠,称之为有",但到底是顺于世俗的。"寄诠离执,称之为空",不更顺于胜义吗?所以二空即真及二空所显的不同说明,可依《解深密经》来解说:为五事具足的人,佛直说无自性空,不生不灭,策发观行以趣入自证,空是顺于胜义的。但为五事不具足的人,使他引生空解,不致于畏空及偏执空,所以顺俗而说空所显性。

不问是二空即真,空所显性,如于圆成实空(或空性)而有所取著,那过失是非常大的!所以佛承上我法自性空而说:"若以得空,便依于空,是于佛法则为退堕。"得空,是有空可得可证。依空,是依著于空(这与上文"但依于空"的依义不同)。这是说:行者在无分别观中,生灭相息而空相现。如以此为证得圆成实相,那就错了!还有,修无分别定的,直下离一切念,有空相现。那时,如虚空明净,湛然皎洁;自觉得空灵,明显,安乐,就于中取著。这对于佛法,不但障碍了进修,而且还要退失。因为这样的观(或定)境,如取著久了,勤勇心就渐渐失去,兀兀腾腾,了此一生。有的善恶不分,还自以为佛魔一如呢!

执著空相的过失太大了,所以佛开示迦叶说:"宁"可生"起我见,积"聚得"若须弥"山那样,也决"非以空见起增上慢"。没有得,没有证,自以为得了证了,叫增上慢。取著空相是空见,而误取空见为证得圆成实空,那是何等的错误!这样的比较得失,并非过甚其辞。因为有了我见,虽不能解脱,但不妨广修人天善业。而执空是不再勇于为善,终归于退失。而且,我见无论怎么大,还可以空来化导破除,引入空的自证。空见却不行了,因为"一切诸见,以空得(解)脱",也就是以空观而离一切见。如错会佛法,而颠倒地生"起空见,则不可除"了。已经著空,当然不能再以空来化导解除。也不能以有来解除空见,有只是更增长情执而已。所以龙树《中观论》据此而说:"大圣说空法,为离诸见故。若复见有空,诸佛所不化。"青目释比喻为:水能灭火,如水中又起火,就无法可灭了。

中观与瑜伽论师,对于空相现前,都不许为可取可得的。二乘圣者证空,那是无漏般若,现证无分别法性,更不能说取著。所以有空可得、依著于空的,那是修观或修定而没有方便的增上慢人。

迦叶! 譬如医师,授药令病扰动,是药在内而不出者,于意云何? 如是病人宁得差不?""不也,世尊! 是药不出,其病转增。""如是迦叶! 一切诸见,唯空能灭。若起空见,则不可除。

如来又举譬喻来说明著空的过失:"迦叶! 譬如医师,授药"给病人服下。由于药力,"令病扰动";受药力影响,减杀病势而逐渐好转。假使不断服下的那些"药"一直"在内而不"排泄"出"来,迦叶! 你以为"是病人"的病,可能会痊愈吗?"差",与瘥同,是病好了的意思。迦叶对佛说:不会的。"是药不出"来,"其病"不但不会好,反而要"转增"的。这就叫"旧病未愈,药反成病"了。说到这里,佛才合譬喻说:"如是迦叶,一切诸见,唯空能灭",如一切病,唯有服药才能治愈一样。"若起空见,则不可除",如药留在体内不出来,起副作用,反而增病一样,那才无药可治了。

庚二　怖依他性空

譬如有人怖畏虚空,悲嗥椎胸,作如是言:我舍虚空。于意云何? 是虚空者可舍离不?""不也,世尊!""如是迦叶! 若畏空法,我说是人狂乱失心。所以者何? 常行空中而畏于空。

依他起相,就是因缘所生法(唯识学者以唯识为宗,所以说依他起是心心所法)。"因缘所生法,我说毕竟空",是《华手经》所说,而表达了《般若》等大乘经的要义。这里,应该分别:一、如说缘起法空,而彻底否定了缘起法,以为如龟毛兔角那样,那是方广道人——空假名论者的妄执。二、如说缘起的法性空,而缘起法相不空,那是假名不空论者。前是太过派,这是不及派。空的究竟了义是:缘起法唯是假名,所以是毕竟空;但毕竟空不碍缘起如幻,才是空有无碍的中道。然而从小乘到一分大乘(近于不空论者),都是"闻毕竟空,如刀伤心",难以忍受的。因为照这些实有论者的见地,"假必依实",怎么能说一切都是假名,毕竟空呢! 如一切唯假,也就一切皆空,那一切都没有(他们是以空为没有的)了,假名也不可能呀! 既不能说一切唯假名,当然假名安立的,没有自性,可以说空,而自相安立的有,不可以说空了。所以他们怖畏真空,违逆真空。或者修正真空说:一切法空,是不了义的;其实某些是空的,某些是不空的。在一切唯假名、一切毕竟空中,他们就感到没有着落,不能成立生死涅槃一切法。所以非要在空的以外,求到一些不空的,才能成立生死与涅槃,才能发心修行而向佛道。众生一向为自性见所蒙昧,也就一向是爱有恶空。佛对于这些(五事不具足的),有时也不得不方便假说,隐空说有,以化导他们呢!

　　像这种怖畏因缘生法、毕竟性空,而想在空外别求不空的行人,佛在究竟了义的立场,以譬喻来呵斥他们说:"譬如有人,怖畏虚空",大声"悲嗥"(与号同),以手自己"椎胸,作如是言:我"要"舍虚空",而到没有虚空的所在。佛问迦叶:你觉得怎样?"是虚空可舍离"吗?迦叶说:"不"可能的。虚空遍一切处,是物质存在的特性;哪里有物质,哪里就有虚空,怎么能离却虚空,而到没有虚空的所在呢!佛这才以法合譬说,"如是迦叶"!那些听说一切法毕竟空,怖"畏空法",一定要在不空中安立一切法的,不就像这想逃避虚空的愚人吗?"我说是人"——不能信忍一切法毕竟空而要安立不空的人,是"狂乱失心"的神经病者!是为无始以来自性见所蒙昧,而没有正知见的人。为什么这样说呢?一切法毕竟空,是一切法的本性如此。众生无始以来,起惑也好,造业也好,受报也好,就是发心也好,修行也好,什么都从来就是毕竟空的。一向"常行空中",幻生幻灭而不自知,反"而畏于空",要求得不空法,这不是颠倒失心吗?

庚三　著遍计执有

譬如画师,自手画作夜叉鬼像,见已怖畏,迷闷躃地。一切凡夫亦复如是,自造色、声、香、味、触故,往来生死,受诸苦恼,而不自觉。

　　为了显示众生的遍计妄执,所以又说画鬼喻。"譬如画师,自手画作夜叉鬼像"。夜叉,是捷疾有力的大力鬼,相貌非常凶恶。但是自己画的,无论怎么样,也不应该怕他。可是众生是愚痴的！由于画得太像了，活像是真的一样。自己"见"了，也不免动心。越看越怕，竟然"怖畏"起来，吓得昏迷过去，"迷闷躄"倒在"地"。这真太可怜了！"一切凡夫，亦复如是"可怜！自己起惑造业，招感到这一期身心以及外在的种种尘境。这都是"自造"的"色、声、香、味、触"等。从业所感的如幻缘起法，本性空寂。但由于过去的妄执熏习，生起时有自性相现（所以一分学者，说是自相安立），就是错乱的戏论相。内而根身，外而尘境，也真活像是实有的；在众生的认识中，自然地直觉为实有的、不空的。因此更起妄执，执为实有，愈执愈迷，一直造业受报下去。唉！生死本来性空，而众生却"往来生死"，生死不了。色声等本来性空，而众生为境相所缚，于是今生后世，不断地"受诸苦恼"。在如幻毕竟空中，苦苦不已，生生不已，"而不自觉"为性空，从空得解脱，这岂不像那画鬼的画师吗？

己三　善巧智断

庚一　智

辛一　观俱境空

譬如幻师，作幻人已，还自残食。行道比丘亦复如是，有所观法，皆空皆寂无有坚固，是观亦空。

在宣说显了空性、遮遣情计以后，如来又接着说善巧智断一科。因为遣执显空，是非智慧不办的。有了智慧，就一定能断除惑业。但众生的智浅福薄，对于智与断，也不能善巧，易于颠倒执著，违害了佛的深义，所以也非明确地抉择不可。

先说智。现证的如实智，从观慧生，也就是从观照般若而起现证的实相般若。一般不明空义的凡愚，对这问题起二大妄执。第一，有的以为：所观境是空的，观心是不空的。他们说：观一切法空，一切法是空的，但总不能说观心也是空呀！如观慧也是空的，那就没有观慧，也就不能观了。这样，他们成立心有境空论。这如西哲笛卡儿一样，起初怀疑一切，而最后觉得，能怀疑的我，到底是不容怀疑的。如我也是可怀疑的，那就不能怀疑一切了。这样，他又从"我思故我在"的实在上，建立他的哲学。这样的理解，尽是世间的思想路数，与佛出世解脱的深义不合。为了破斥这境空心不空的妄执，所以举喻说："譬如幻师"以咒术等，变化"作幻"化的"人"、狮、虎等。这些虽都是幻化的，性空无实的，但彼此却"还自残"害、啖"食"。以幻害幻，以幻食幻，而归于不可得。这样"行道比丘，亦复如是"。比丘如幻师，所起的观境、观心，如幻化的人、虎等一样。这能观所观，一切都是如幻性空的，所以说：凡"有所观法，皆"是性"空"、"寂"灭，都是"无有坚固"；能"观亦空"。虽一切如幻性空，而所观、能观，一切成立。所以，以即空的观慧，观即空的观境；境空寂，观也空寂，怎么倒执境空而观心不空呢！这一执著的主要根源，还是以为空是没有；没有，怎么能观呢？不解空义，妄执就由此而起了。

辛二 智起观息

迦叶！譬如两木相磨，便有火生，还烧是木。如是迦叶！真实观故生圣智慧，圣智生已，还烧实观。

第二，有的以为：无漏圣智——现证般若，是如如智，是无分别智，所以虚妄分别（妄识）为性的分别观，是怎么也不能引发圣智的。不但不能,反而是障碍了! 因为这是妄上加妄,分别中增分别,如以水洗水、以火灭火一样,永不可能达成离妄离分别的自证。这所以,主张直体真心,当下都无分别,以无念离念为方便。这对于如来的无边善巧方便,可说是完全失坏了! 佛于止外说观,定外说慧,经闻、思而起修慧(观),才能趋入真证,怎么说分别观无用呢? 这里,佛就说一譬喻,来除灭这些妄执。佛呼"迦叶"说:"譬如两木相磨",不要以为一木加一木,木更多了。如以两木相磨为方便,久久生暖,接着"便有火生"。等到火生起时,反"还烧是木",而木都被烧去了。这如由于"真实观"的观一切法空,"故生圣智慧"。等"圣智生"起了,不但境相寂灭,反"还烧"了这能观的真"实观"。这就达到了境空心寂,如如无分别智现前。

这里的真实观,是什么呢? 是分别观慧。论体性,是有漏的虚妄的,那怎么说是真实呢? 要知分别的观慧有二:一、世俗观慧:如观青瘀脓烂等,佛土的依正严净等,这都以"有分别影像相"为境。二、胜义观,也就是真实观。观一切法无自性空,不生不灭等。这虽是分别的,而能观一切分别自性不可得,是以"无分别影像相"为境的。这样的分别观是顺于胜义的,是分别而能破分别的。经论中说有以"声止声"(如说大家不要讲话)、"以楔出楔"等譬喻,来显示无分别观的胜用。等到引发无漏圣智,这样分别为性的无分别观,也就不起了。以分别观,息分别执,是大善巧、妙方便! 这样的真实观,有观的妙用而没有取著。在悟入真实性时,是不能没有这样的真实观——中道观的。

庚二　断

辛一　破无智

譬如然灯，一切黑暗皆自无有，无所从来，去无所至。非东方来，去亦不至南西北方四维上下。不从彼来，去亦不至。而此灯明无有是念：我能灭暗。但因灯明法自无暗，明暗俱空，无作无取。如是迦叶！实智慧生，无智便灭。智与无智，二相俱空，无作无取。

智慧，能观法性空而证实性，又能断除惑业。惑是烦恼的别名，以无明为总相。什么叫无明？总相地说，是不知缘起性空的中道。别相地说，是不知苦，不知集，不知灭，不知道；不知性，不知相，不知体用因果等。所以无明又叫无智；而能破无明的般若，也可以称为明了。智生惑灭，是一定的，但如取著实性，以为实有般若可生，实有无明可破，那就是无智烦恼了。所以佛又举喻来显示："譬如然（就是燃烧的燃字）灯"，灯真的点亮了，那"一切黑暗，皆自"然地"无有"了。光明从哪里来的？黑暗又向哪里去了？如以明暗为实有自性的，那光明应有一确定的来处，然而光明是"无所从来"的；黑暗应确定到哪里去，而黑暗又是"去无所至"的。一般以为明暗是物质性，那物质应占有空间。如有空间性，那光明不是应从十方的哪一方来，黑暗应向十方的哪一方去吗？佛以简要的句法来说：光明"非东方来"；黑暗的"去，亦不至南西北方，四维（东南、西南、东北、西北，叫四维）上下"。这可见灯明"不从彼来"，黑暗的"去，亦不至"什么地方了。明生暗灭，不是这样的不来不去吗？不仅没有来去的处所，光明也没有破暗的实用。所以说："灯明无有是念：我能灭暗。"灯明的不作此想，即表示灯明没有破暗的实用。如以为有实性实用，那试问：灯明是及（接触到）暗而破暗呢？不及暗而破暗呢？如明暗不相及，明在明处，暗在暗处，那明怎能破暗？如不及暗而能破暗，那一室的灯明，应尽破十方的黑暗了！如说明暗相及，那不是明中有暗、暗中有明吗？明既破暗，暗也应障明了！这可见明暗如幻，如《中论·观然可然品》广说。所以说：不是灯明实能破暗，而只"因灯明法"尔如此，灯明现起，"自"然"无暗"。"明暗俱空"，如幻如化的。没有自性的破暗作用，所以说"无作"。没有一毫的自性可取著，所以说"无取"。

　　智慧如灯明，无明如黑暗。根据上说的明暗，也可以比知般若破无明的意义了。佛这才告诉"迦叶"，这样，"实智慧生，无智便灭"。这不但不生不灭，不来不去，而般若也没有破惑的自性实用，这只是"智与无智，二相俱空，无作无取"，法尔如是的智生惑灭而已。

辛二　灭结业

迦叶！譬如千岁冥室，未曾见明，若然灯时，于意云何？暗宁有念，我久住此不欲去耶？""不也，世尊！若然灯时，是暗无力而不欲去，必当磨灭。""如是迦叶！百千万劫久习结业，以一实观，即皆消灭。其灯明者，圣智慧是。其黑暗者，诸结业是。

　　结业，可作二说：一、结是烦恼，如三结、五结等。能系人于生死而不得解脱，所以名为结。业是身口意的动作；由表业而起无表业，为招感种种苦乐异熟的因缘。上说无智，约烦恼的通相说；这里的结业，约种种烦恼与业说。二、结业是系属三界的业，如欲界系业、色界系业、无色界系业。这样，上文约烦恼说，这里约业说。

智慧生而结业灭，与智生而无智灭一样，所以如来还是举灯明破暗作比喻。所不同的，上约空间说（十方），今约时间说而已。佛说："迦叶！譬如千岁"来乌黑的"冥室"，从来"未曾见"过光"明"，这黑暗，简直可说是冥室中的主人了。"若然灯时"，光明要来了，你的意思如何？冥室的黑"暗"，可能"有"这样的意"念"——"我久住此"间，这是我的老家，我"不欲去"吗？迦叶听了说："不"会的！"世尊！若然灯时，是暗无力"，想继续住下"而不欲去"的。因为光明一来，这黑暗是自然地消失，"必当磨灭"。佛说，"如是迦叶"！同样的，众生无始以来，"百千万劫，久习"而成的无边"结业"，虽这么久了，但"以一实观"的照明，结业也就"即皆消灭"，如黑暗一样。所以结论说，上面说的"灯明"，就是"圣智慧"；而"黑暗"也就是一切"结业"了！

丁二　赞菩萨殊胜

戊一　生长佛法胜

己一　不断结使

迦叶！譬如种在空中而能生长，从本已来无有是处。菩萨取证，亦复如是，增长佛法，终无是处。迦叶！譬如种在良田，则能生长。如是迦叶！菩萨亦尔，有诸结使，杂世间法，能长佛法。

在修广大正行时，曾以十九种譬喻，显示菩萨的功德。现在这习甚深中观段,也以十二种譬喻,赞叹菩萨的殊胜。十二譬喻,分八种殊胜,第一是生长佛法胜。为什么菩萨能生长佛功德法?因为他不断结使,不离生死。不断结使,不离生死,而能生长佛法,听来希奇。其实,正因为不断结使,不离生死,才能生长佛法呢!

先说不断结使,如《观弥勒菩萨上生经》说:"此阿逸多,具凡夫身,未断诸漏。……不修禅定,不断烦恼,佛记此人成佛无疑。"可见不断结使,为菩萨道的特胜! 佛举喻说:"迦叶! 譬如"谷麦,"种在空中,而能生长"苗叶,开花结实,那是"从本"际——无始"已来,无有是处",绝无可能的。这样,在修行菩萨道时,如"菩萨取证"空性,断除烦恼,以为到达了究竟,参学事毕,那就如种在空中一样。虽毕竟清净,而要他"增长佛法",圆成佛道,也是"终无是处"的了! 这因为取证空性,烦恼就断了。生死要在烦恼水滋润业种的情况下,才会生起。如烦恼断了,生死就不能再起,菩萨也就不能长在生死中广度众生了。这就等于小乘,退堕小乘,怎会增长佛法而向佛果呢?

接着,佛又反过来告诉"迦叶:譬如种在"肥沃的"良田",虽不大清净,却"能生长"苗叶,开花结实。这样"迦叶",真正的"菩萨",也是如此。在修行道中,如悲心还没有深切,愿力还没有宏大,般若还没有五度来扶助,那就不求取证,尽量降伏粗重烦恼,削弱烦恼的势力,而仍保"有诸结使"。结是三结等,使是七使(或译随眠,以随逐行人、增长烦恼得名)。菩萨没有断除这些烦恼,所以在所修的圣道——戒定慧中,"杂"有烦恼等"世间法"。也就因此,在生死中度众生,"能长佛法"了。

己二　不离生死

**迦叶！譬如高原陆地,不生莲花。菩萨亦复如是,于无为中
不生佛法。迦叶！譬如卑湿淤泥中,乃生莲花。菩萨亦尔,
生死淤泥邪定众生,能生佛法。**

　　生死,指生了又死、死了又生起的意思。本来,不断烦恼与
不离生死,是不相离的,一约杂染因说,一约杂染果说。如来慈
悲心深,再举喻来说明。"譬如高原陆地"非常干燥洁净,却"不
生莲花。菩萨"也"如是",如取证空性,"于无为中"——无差别
真如性中,以为所作已办,更没有事了。由于清净寂灭,也就
"不生佛"的功德"法"。反之,"迦叶！譬如卑湿淤泥中",虽是
污秽的,却能"生莲花。菩萨"也如是,不证空性、不断烦恼、不
离生死,与邪恶苦恼的生死众生在一起,也就能救度"生死淤
泥"中的"邪定众生"。这样的悲愿深广,才"能生佛法"。

　　众生有三类:成就八正道,一定趣入出世解脱的,叫正定聚。
如成就八邪道,一定要堕入三恶道的,叫邪定聚。成就人天善法
的中等众生,叫不定聚。也就是上智、下愚与中人的分类。这里
说邪定众生,意思说菩萨对罪恶的苦恼众生特别关切而已。其
实,不定众生也是菩萨救度的对象。又莲花喻,一般只重视它的
出淤泥而不染,而不知莲花是不能离开淤泥的。

戊二　福智广大胜

己一　功德大

迦叶！譬如有四大海,满中生酥。菩萨有为善根甚多无量,

亦复如是。迦叶！譬如若破一毛以为百分，以一分毛取海一
渧。一切声闻有为善根，亦复如是。

　　第二是福智广大胜。菩萨一定修集福德与智德二资粮，都
是广大无边，非声闻乘可比。先说福德，佛说："迦叶！譬如有
四大海"，充"满"了海"中"的，都是"生酥"。生酥，是从牛乳取
出来的，没有熬熟，熬熟就成为熟酥，再不能与水交融了。四大
海充满了生酥，真是多极了！现在拿来比喻"菩萨有为善根"，
也是这样的"甚多无量"。生灭有作的，名有为。菩萨没有与法
性相应以前，所有的一切福德善根——施、戒、定等，都还是有为
的。菩萨的有为善根那么多，而声闻呢，佛告"迦叶：譬如若破
一毛以为百分，以一分毛"，沾"取海"水的"一渧"，那简直微不
足道！而"一切声闻"人的"有为善根"，恰好如毛分的一渧，真
是难以为喻！

　　己二　智慧大

迦叶！譬如小芥子孔所有虚空；一切声闻有为智慧亦复如
是。迦叶！譬如十方虚空无量无边；菩萨有为智慧甚多，为
力无量，亦复如是。

　　再说声闻的智德，也还不及菩萨的智德。佛又举譬喻说：
"譬如小芥子孔所有虚空"；芥子已够小了，芥子孔不更微小吗？
"一切声闻"——随信行，随法行，慧解脱，俱解脱，或贤或圣，他
们所有解悟无我我所空的"有为智慧"，也是这样的微小。"譬
如十方虚空"，是那样的"无量无边；菩萨有为智慧"——胜解一
切法性空的智慧，也是这样的"甚多"；功"力无量"，能为佛道的

眼目，导一切功德而向于佛果，也"如是"的不可思量！大小乘
的胜义慧，都是观空的，所以举虚空为譬喻。芥子孔的空与太虚
空，虽然本质是平等的，而量是相差得太远了。这所以小乘偏重
人无我的空慧，仅能自了，而菩萨特重一切法空。这空无我的胜
慧，能为上趣佛道、下化众生的善巧方便。这一比喻，龙树的
《智论》也曾引述到，以明大小乘空义的差别。

戊三　种姓尊贵胜

己一　真实佛子

迦叶！譬如刹利大王，有大夫人，与贫贱通，怀妊生子，于意
云何？是王子不？""不也，世尊！""如是迦叶！我声闻众亦复
如是，虽为同证，以法性生，不名如来真实佛子，迦叶！譬如
刹利大王与使人通，怀妊生子，虽出下姓，得名王子。初发心
菩萨亦复如是，虽未具足福德智慧，往来生死，随其力势利益
众生，是名如来真实佛子。

　　第三是种姓尊贵胜。在古代，重视种姓的贵贱。尊贵的王
族中，如确系先王的血统，而能继承王家的大业，那是特受尊敬
的。这里就以此为比喻，显示菩萨的殊胜，远非声闻贤圣可及。
先明菩萨为真实的佛子，如来举喻说："迦叶！譬如"印度四种
姓中，主持国政的"刹利大王"，有"大夫人"——王后。她虽是
大王的元后，却"与贫贱"阶级的臣仆私"通"，因而"怀妊生
子"。迦叶！你的意思如何？这算"是王子"吗？迦叶说：这不
是大王的血统，虽或者也叫他王子，而实"不"能说是真正王子
的。"世尊"！我以为这样。佛即印可他说："如是迦叶"！要知

道在佛法中,"我"所教化的"声闻众,亦复如是"。"虽"然声闻也称"为同证"法性,同得解脱,也说"以法性生"。他们每自己宣说:"从佛口生,从法化生",自认为佛子;但他们"不名如来真实佛子"。为什么呢?"佛心者,大慈悲是。"他们没有广大甚深的悲愿,多少继承了外道的独善与苦行,没有能契合佛的真精神,正像王大夫人与贫贱私通而生的王子一样。

接着,佛又对"迦叶"说:"譬如刹利大王,与使"女交"通";使女也"怀妊生子"。母亲"虽出下"贱的种"姓",而生下的孩子却"得名王子",享受王家的尊贵。为什么呢?因为这确是大王血统的缘故。这样,"初发心菩萨,亦复如是"。虽是薄地凡夫,因自力或他力——受人教化,发起了自利利他、上求下化的大菩提心。菩提心在凡夫心中成就,如王子从贫贱的使女而生一样。当凡夫初发心、初名菩萨时,"虽未具足福德智慧",看起来苦恼非常,还是"往来生死"当中,头出头没。但他确是菩萨,"随其"菩提心成就的"力势",已能在生死中"利益众生"。他有了大慈悲为本的菩提种姓,所以"是名如来真实佛子"。

在声闻法中,声闻四果,名为佛子,因为从佛闻法而已同证法性了。大小兼畅的大乘中,说声闻与菩萨都是佛子。但约大乘不共的意义来说,声闻算不得佛子。而菩萨,即使是无福无慧,生死流转,却已是真实的佛子了!

已二　绍隆佛种

迦叶!譬如转轮圣王而有千子,未有一人有圣王相,圣王于中不生子想。如来亦尔,虽有百千万亿声闻眷属围绕,而无菩萨,如来于中不生子想。迦叶!譬如转轮圣王有大夫人,

怀妊七日,是子具有转轮王相,诸天尊重,过余诸子具身力者。所以者何? 是胎王子,必绍尊位,继圣王种。如是迦叶!初发心菩萨亦复如是,虽未具足诸菩萨根,如胎王子,诸天神王深心尊重,过于八解大阿罗汉。所以者何? 如是菩萨名绍尊位,不断佛种。

再说绍隆佛种。这与上文大致相近,但这里着重在将来能荷担如来的家业。如来举喻说:"迦叶! 譬如"刹利大王中,统一四洲的"转轮圣王",一定"有千子"具足。但如还"未有一人有"转轮"圣王"相时,"圣王于"这么多的王子"中",就"不生子想"。什么是圣王相? 出胎后,有三十二相具足。在胎时,母后的心意清净,少烦恼,身体安和;还有天龙等来卫护的瑞相。千子虽不能成转轮圣王,但到底是圣王的王子,怎么说不生子想呢? 要知道,子,第一是自己的血统;第二是能继承自己的家业。千子们都没有轮王相,将来不会继承王的尊位,统理国政,那就会觉到还不是太子。这一比喻,如来合法说:"如来"是轮王一样,自成佛教化以来,"虽有百千万亿声闻"贤圣,为如来的"眷属"。如来说法时,声闻众是云屯雾集地"围绕"如来,庄严法会。但在这大众中,如"无菩萨,如来"也就"于"声闻众"中,不生子想"。因为这都不是当来下生,继承佛位的佛子。

相反的,"譬如转轮圣王,有大夫人"忽然"怀妊"了。虽还只是"七日",但"是子具有转轮王相"。当时,臣民们虽还不知道,而"诸天"——天龙八部,都"尊重"胎中的王子,而来护卫他,超"过"了其"余诸子",年长而"具身力"的人。天龙等为什么如此? 因为"是胎"中的"王子",将来生下来,"必"定"绍"承轮王的"尊位，继"续"圣王"的"种"胤，主持国政，利益民众，远过其他王子的功德。如来再合喻说，"迦叶！初发心菩萨，亦复如是"。"虽未具足诸菩萨根"——没有显而可见的菩萨德相，不是一般人所能认识，"如胎"中的"王子"，也还只是精血凝和，没有眼耳等根相。但"诸天神王"——天龙八部们，却"深心尊重"初发心菩萨，胜"过于八解"脱的"大阿罗汉"。在声闻乘中，最高的圣果是阿罗汉位。阿罗汉是梵语，意思是断尽了烦恼，生死已尽，应受人天的供养。约断烦恼、证法性、了生死说，阿罗汉是一样的。但约定力、通力、悲心、世俗智来说，浅深也大有差别。其中俱解脱阿罗汉能得八解脱：一内有色想外观色解脱；二内无色想外观色解脱；三净身作证具足住解脱；四空无边处解脱；五识无边处解脱；六无所有处解脱；七非想非非想处解脱；八灭受想定解脱。这是定力极深，具足三明六通的大阿罗汉。说菩萨的功德比声闻的自利功德大，还容易信解。现在说菩萨最初发心，什么功德还没有，就比得八解脱的大阿罗汉还高，就难免有人怀疑了。所以佛又说明理由："如是菩萨"，虽还没有成就菩萨根，但已"名"为能继"绍"如来的"尊位"者，能使未来"不断佛种"。有了菩萨，就有佛佛相承，广大无尽地普利众生，这哪里是八解罗汉可及呢！

戊四　初心希有胜

己一　胜出声闻

迦叶！譬如一琉璃珠，胜于水精如须弥山。菩萨亦尔，从初发心，便胜声闻辟支佛众。

第四是初心希有胜。上说菩萨的种姓尊贵,已说到初发心菩萨的尊贵,现在如来承上意而更为譬说。"迦叶,譬如一"颗小小的、蔚蓝色的"琉璃珠",价值与妙用都"胜于水精"——一般的水晶,哪怕水晶大得"如须弥山"那样。"菩萨"也如此,"从初发心"以来,即使位居凡夫,"便胜"于"声闻辟支佛众"。声闻,一向是大众共住的。辟支佛,意译为独觉。其实除麟角喻辟支一人出世而外,其余也都是众多共住的。上文说初发心菩萨胜过八解脱的大阿罗汉,现在进一步说,不要说得八解脱的,就是无数的二乘无学众,也不及一位初心菩萨呢!

己二　人天礼敬

迦叶! 譬如大王夫人生子之日,小王群臣皆来拜谒。菩萨亦尔,初发心时,诸天世人皆当礼敬。

初发心菩萨,不但胜过二乘,而且也为人天所尊敬。如来举喻说:"迦叶! 譬如"刹利"大王夫人",当她诞"生"王"子"的"日"子,所属的"小王"及"群臣",都要"来拜谒",为他是王子而庆贺。这样,"菩萨"也如此。"初发心时,诸天"与"世人,皆当礼"拜恭"敬",因为他是菩萨,是佛的种姓,是未来佛。凡夫没有慧眼,或者会轻视初心菩萨,所以佛特地说应尊敬。

戊五　普利众生胜

迦叶! 譬如雪山王中生诸药草,无有所属,无所分别,随病所服,皆能疗治。菩萨亦尔,所集智药,无所分别,普为众生平等救护。

第五是普利众生胜。佛举比喻说："迦叶！譬如雪山王"——喜马拉雅山区，近印度西北区的大山，终年积雪，极高极大，所以叫雪山王。在这大雪山"中，生诸药草"。这一地区，古代是不属于任何国家，也不属于任何人的，所以雪山的一切药草，也都"无有所属"。因为不是属于谁的，所以不问是什么人，"无所分别"。只要是"随病"所宜——对症的话，就能随"所服"的药，而"皆能疗治"。"菩萨"也如此，修行"所集"的，以智为主的一切法门，如雪山的各种药草一样，所以叫"智药"。对人的贵贱、贫富、智愚，都"无所分别"，一视同仁，而能"普为"一切"众生"，作"平等救护"，解脱众生的苦恼。

戊六　出生如来胜

迦叶！譬如月初生时，众人爱敬逾于满月。如是迦叶！信我语者，爱敬菩萨过于如来。所以者何？由诸菩萨生如来故。

第六出生如来胜。人天应尊敬菩萨，而且要敬重到极点。对于这，如来又举喻说："迦叶！譬如月初生时"，印度的民俗，就举行非常隆重的新月祭。所以说："众人爱敬"这新月，"逾"越了十五晚上的"满月"。我们中国人是喜爱满月的，但在印度，除了团圆的满月外，还敬爱新月，因为新月是象征着光明的出生，从此一直向大圆满的光明而前进。如来说了这一比喻，才合喻说："迦叶"！大家如相"信我"的"语"言，那么"爱敬菩萨"，就应该"过于"对"如来"的尊敬。为什么呢？因为如来如满月，初发心菩萨如新月。大乘经中，有以月光渐增到圆满的比喻，说明菩萨的从初发菩提心到无上菩提的圆成——成佛。从

爱敬新月的意义,就可知特别爱敬菩萨的意义,"由"于从"诸菩
萨",能出"生如来"呀。没有菩萨,就没有佛,佛是从菩萨生的。
这就显出菩萨的重要,应受世人最高的崇敬了!

戊七　众生福田胜

**迦叶! 譬如愚人舍月,礼事星宿。智者不尔,终不舍离菩萨
行者,礼敬声闻。**

第七众生福田胜。菩萨这样的可崇敬,那自然应尊敬菩萨,
菩萨才是我们的殊胜福田。如来又举喻说:"迦叶! 譬如愚人,
舍"弃了圆满光明的"月"亮,反而去"礼"拜"事"奉那些"星
宿",如北斗星、二十八宿等。这是怎样的颠倒! 如以菩萨为月
亮,那星宿就如声闻众了。这样,有"智者不"会那样的颠倒,
"终不舍离菩萨行者",真实福田,反而去"礼敬"那小乘的"声
闻"行人。

戊八　声闻依止胜

**迦叶! 譬如诸天及人,一切世间,善治伪珠,不能令成琉璃宝
珠。求声闻人亦复如是,一切持戒,成就禅定,终不能得坐于
道场,成无上道。迦叶! 譬如治琉璃珠。能出百千无量珍
宝,如是教化成就菩萨,能出百千无量声闻辟支佛宝。"**

第八声闻依止胜。这末后一喻,从不应礼敬声闻而来,原来
声闻还是从菩萨出生的呢! 菩萨为声闻根本,大乘法为小乘法
根本,拿这点来结赞菩萨的殊胜。如来举治珠的譬喻:珠,不仅
是生成的,也还要经人力的修治。古法,治珠要经磨、押、穿——

三个过程，才能显出珠所具的光泽。现在佛对迦叶说："迦叶！譬如诸天"，或者是"人，一切世间善"于"治"珠的治珠师，假使所治的是"伪珠"，那无论怎样的修治，也"不能令成"无价的"琉璃宝珠"，这是伪珠的品质限定了的。这样，"求声闻人，亦复如是"。他发的是出离心，没有悲愿，但求自苦的解脱。这也决定了他，无论声闻人所有"一切持戒"功德，"成就"甚深的"禅定"功德，熏修得怎么好，也"终不能得坐于道（道是菩提的旧译）场"，而"成无上道"。总之，声闻人无论如何修持，也不能成佛。

再举喻来说菩萨："迦叶！譬如"治珠师所"治"的，是一颗毗"琉璃珠"。经过一番琢磨修治，就能显出琉璃珠的妙用。据说，从琉璃珠"能"引"出百千无量"数的各种"珍宝"。拿这来比喻，那就"是教化"发菩提心，起大悲愿，修集广大福智资粮。等到"成就"真实"菩萨"，那就从菩萨的教化中，"能出"生"百千无量"数的"声闻辟支佛宝"。二乘圣果，虽不及菩萨，但也是世所希有的珍宝，故比喻为各种宝物。

从菩萨的不断结使，到这出生二乘，为二乘所依止，种种比喻赞叹，显出菩萨道的善巧、崇高。

丙三　作教化事业

丁一　毕竟智药治

戊一　总说

尔时，世尊复告大迦叶："菩萨常应求利众生。又正修习一切所有福德善根，等心施与一切众生。所得智药，遍到十方疗治众生，皆令毕竟。云何名为毕竟智药？

正明菩萨道中,已说了修广大正行、习甚深中观,现在要说起方便大用,作教化事业。前二是自利,这里要说利他。菩萨虽以利他为重,而实是自利利他相成的。如修广大正行,都是与众生有利益的。而现在要说的方便教化,又都是从自己的修集得来。怎样自利,就怎样利他,所以菩萨是在利他为先的原则下,去从事自利利他、上求下化的工作。

在菩萨的方便化导中,分毕竟智药与出世智药二科。菩萨能治众生的生死苦恼病,主要是智慧,所以叫智药。菩萨以般若——智慧而修集的一切法药,是能根治众生生死重病的,所以叫毕竟智药,毕竟就是究竟彻底的意思。这些智药,虽能达到菩提、涅槃,但或是远方便,或是近方便;或是助成的,或是主要的。那切近而主要的智药,名为出世智药。菩萨修集得来的佛法,不外这二类。

说明毕竟智药,先总说。这是另起一大段,所以经上说:"尔时,世尊"又"告大迦叶"说:修广大正行,与甚深中观的"菩萨",是出发于大菩提心的,利他心重,所以"常应"寻"求"方便,怎样去"利众生"。要利益众生,就知道要切实修学。约修集福德说,"又正修习一切所有"的"福德善根",不是为自己,而愿以平"等心",普遍地回向,"施与一切众生",同得解脱,同成佛道。约修习智德说,凡菩萨修习"所得智药",也愿与众生共有,所以"遍到十方"世界,去"疗治众生"的身心重病。不但去疗治,而且"皆令毕竟"痊愈,这正如《金刚经》所说:"我皆令入无余涅槃而灭度之。"那么,哪些药"名为毕竟智药"呢?

戊二　别说

己一　诸对治行

谓不净观治于贪淫,以慈心观治于嗔恚,以因缘观治于愚痴。以行空观治诸妄见,以无相观治诸忆想分别缘念,以无愿观治于一切出三界愿。以四非倒治一切倒:以诸有为皆悉无常治无常中计常颠倒,以有为苦治诸苦中计乐颠倒,以无我治无我中计我颠倒,以涅槃寂静治不净中计净颠倒。

毕竟智药,是些什么法门呢?分对治行与菩提行二类。菩提行是近方便,是引发证悟的法门。对治行是远方便,在初学时,先要调治烦恼,安定自心,才能进一步地趋向出世解脱。这在古译中,称为"停心"观;奘译作"净行所缘"。停心观,旧有不净、慈悲、因缘(很多经论,只说此三法门)、界、数息——五门。本经以前三为一类,以界观的达无我我所,分为三空观及四正观二类。

一、"不净观",这是于死尸取青瘀等相,然后摄心成观。如经中所说的九想——胀想、青瘀想、坏想、血涂想、脓烂想、啖想、散想、骨想、烧想,就是不净观。如修习不净观,为对"治""贪淫"的特效法药。贪淫是障道法,而凡人都为它惑乱。或贪姿色;或贪音声;或贪体臭;或贪体态,如曲线等;或贪他的温柔供事……。修九想观成就,这一切淫念,就都不起了。二、"以慈心观"来对"治""嗔恚"病。嗔恚病极其粗重,俗说:"一念嗔心起,八万障门开",这是大乘行者所特重的。因为嗔心一起,对于利益众生,就成为障碍了。这应观一切众生如父如母,如儿如女,修习愿一切众生得安乐,同情众生的慈心;慈心增长,嗔恚也就不起了。慈心遍于一切众生,所以素食、放生也能培养慈心。当来下生的弥勒佛,初发心就不食众生肉,特以慈心(所以姓弥勒,弥勒就是慈)来表彰他的特德。三、"以因缘观"来对"治""愚痴"病。这里的愚痴,不是别的,而是不明善恶、不明业果、不明流转生死、不明我我所空等愚痴。这唯有以如来十二因缘的观察智药,才能对治它。因为"空相应缘起",即开示业果流转等道理。——以上三观为一类。

其次是三空观。一、"以"诸"行"生灭无常、无常故苦、苦故无我无我所的"空观",修习成就,悟解得有为诸行没有实我可得。我见为一切妄执根本;能降伏我见,自然就能"治诸妄见"。这里的妄见,可摄得常无常见、边无边见、一见异见等。二、"无相观":众生著有,就于一切法取相分别;妄想无边,最为解脱的重障。所以修无相观,观一切法虚妄,不取一切相,就能对"治"顾恋过去的"忆想"、取著现在的"分别"、欣求未来的"缘念"——离一切取相。三、"无愿观":无愿,或译无作。众生于生死中,爱著不舍,所以起"后有爱,贪喜俱行爱,彼彼喜乐爱";起心(思愿相应心)作业,愿求生死的相续,名为凡夫。或者把生死看成怨家,三界看做牢狱,于是愿求出此三界生死,名为小乘。现在菩萨的无愿观,能治三界生死的思愿,更能对"治"小乘"一切出三界"生死的"愿"欲。能观生死本空,即没有生死可出、涅槃可求,为菩萨的无愿观。——以上三观为一类。

此下四观,名"四非倒",能对治四颠倒——常颠倒、乐颠倒、我颠倒、净颠倒。治四颠倒,即"治一切倒"。如分别来解说,一、无常观:"以诸有为皆悉无常"的正观,对"治"于生灭"无常中,计常"住的"颠倒"。二、苦观:以"有为"生灭法,无常故"苦"的正观,对"治诸苦中,计乐"的"颠倒"。什么叫诸苦?在对境而起领受时,分苦受、乐受、舍受——三受。但深一层观察,老病死等苦受,不消说是苦的——苦苦。乐受,如一旦失坏了,就会忧苦不了,叫坏苦。就使是不苦不乐的舍受,在诸行流变中,到底不能究竟,所以叫行苦。这些,都离不了苦,而凡夫著为快乐,所以经说如贪刀头上的蜜一样。三、无我观:"以"诸法"无我"的正观,对"治"于本来空"无我中,计我"的"颠倒"。这更是众生的颠倒根本!一切众生,都不自觉地起自我见,其实不过为迷于色、受、想、行、识而起的妄执。所以萨迦耶见——有身见(俗称我见),是以五蕴为所缘,而并没有自我可得的。四、涅槃寂静观:"以涅槃寂静"观,对"治"于"不净中计净"的"颠倒"。净是清净、不染污。浅一些说:如把自己的身体看得非常清净美丽,所以去修饰庄严它。或把世间看得非常美好,而迷恋它。单是这些净颠倒,佛法常以"不净观"来对治它。但深一些的,或因自己的修养、节制;或幻想一圣神的崇高德性、唯一真神,而想像为怎样的圣洁。这些净颠倒,就不是不净观所能对治得了。所以本经从大乘法来说,内而身心,外而世界,三界六道(神也在其内),一切是不净的,所以可因之而起贪恋,因之而起烦恼。三界的生死杂染法,哪里有净呢?特别是自己的色身,佛说是画瓶一样。外面看来美观,加上庄严,真使人顾影生怜。但里面尽是些臭秽便利,怎么庄严修饰也无法掩饰得了。但众生于不净计净,志求清净,才幻想有圣洁的神等。不知唯有不生灭、离众相、无烦恼的涅槃，才是寂静的，究竟清净。所以观涅槃，能治一切净颠倒。以四正治四倒，如执著四非倒，还是颠倒，所以大乘法说"非常非无常"等。——这又是一类。

这三类十法，是对治行，都是观——智慧。菩萨用这些智药，来对治众生的烦恼重病。

己二　七菩提行

以四念处，治诸依倚身、受、心、法：行者观身，顺身相观，不堕我见。顺受相观，不堕我见。顺心相观，不堕我见。顺法相观，不堕我见。是四念处，能厌一切身、受、心、法，开涅槃门。以四正勤，能断已生诸不善法，及不起未生诸不善法；未生善法悉能令生，已生善法能令增长。取要言之，能断一切诸不善法，成就一切诸善之法。以四如意足，治身心重。坏身一相，令得如意自在神通。以五根，治无信、懈怠、失念、乱心、无慧众生。以五力，治诸烦恼力。以七觉分，治诸法中疑悔错谬。以八正道，治堕邪道一切众生。

再来说切近的法药——七菩提行。菩提，意译为觉。达成正觉的条件、因素，名为菩提分，或菩提支、菩提品。总括佛说的菩提分，主要的有三十七类，名为三十七菩提分。这是可以分为七大类：四念处、四正勤、四如意足、五根、五力、七菩提分、八正道分。这七大类，就是现在所要说的七菩提行。以下分别来解说。

一、"四念处"：这是被称为"一乘道"，能灭忧苦的重要法门，菩萨就以此来救治众生。四念处是：身念处、受念处、心念处、法念处。菩萨以身、受、心、法为系念处,心住于此而正观察,所以名身念处(或译念住)……法念处。以念得名,而实体是念相应的智慧。四念处有二:(一)别相念处:观身不净,观受是苦,观心无常,观法无我。(二)总相念处:观身为不净、苦、无常、无我;……观法也是不净、苦、无常、无我。本经所说的,也是总相念处,但归结于无我。因无常、苦、不净等正观,最后都是为了引发无我正见,这才是四念处法门的宗要。众生对于身、受、心、法,总是有所取著,起常、乐、我、净四倒。所以佛说四念处,对治颠倒,不再取著,所以说"治诸依倚身、受、心、法";依倚,就是依之而生取著的意思。分别来说:身念处是:修"行者,观身"——自身、他身、自他的色身,随"顺身相观"察。如观身是种种不净、三十六物所成等,就可以治灭执净的颠倒。如随顺这身的实相——空无我性来观察,就不再依著身而起我执,就能"不堕我见"了。身体,确是最容易引起我执的,所以如来说法,每每是先说身念处。受念处是:修行者,随"顺受"——苦受、乐受、舍受的实"相"来观察。受,一切都离不了苦,所以观受是苦,能不著受而治乐颠倒。如观受的实相,从因缘所起,了无自性可得,那就不会计著受而"不堕我见"了。心念处是:众生的颠倒,莫过于执著心识为常住不变的。这虽是婆罗门教以来的老执著,也实是众生的通病。所以修行者,随"顺心相",观心识如流水、灯焰,刹那生灭无常。"无常是空初门",从生灭无常中,得空无我正见,就能除常倒而"不堕我见"了。法念处是:一切法中,除了色(身)法及心法中的受与识,其他如想、思等一切心相应行、心不相应行——有为法;还有无为法。这些,就是法念处观察的对象。修行者,随"顺法相"而起正观,没有一法是可取可著的;也就是没有一法是可以安立为我的(如著法是有,这就是执我的所在),因而能"不堕我见"。"是四念处",如能修习观察,都能不起我见,就"能厌一切——身、受、心、法",也就是能厌离生死流转,心向涅槃。所以说能"开涅槃门",而有了进入涅槃的可能!

　二、"四正勤":这是四种能断除懈怠、放逸,勇于为善的精进,所以也名四正断。勤与精进,佛法中都是指向上向善的努力来说。哪四种呢?(一)由于精进,"能断"过去"已生诸不善法"——烦恼。已生的已经过去了,但过去了的烦恼还能影响自己身心,束缚自己,这要以精进来断除它。如曾经加入了社会的不良组织,虽然好久没有活动了,但还受它的控制。必须以最大的勇气,割断过去的关系,才能重新做人。(二)以精进来达成"不"再生"起未生诸不善法"。未生的烦恼,还没有生起,那不是没有吗?不能说没有,只是潜在而没有发现出来罢了。这必须精进对治,使善法增长、智慧增长,才能使未生的烦恼再没有生起的机会。(三)"未生"起的"善法",要以精进力,"能令生"起。这如潜在的财富,生得的智力,要努力使它充分发挥出来一样。(四)对"已生"起的"善法",要常生欢喜心;加以不断地熏修,"能令"它一天天"增长"广大起来。这四种正勤,扼"要"地说一句,这是"能断一切不善法,成就一切诸善""法"的精进。没有精进,是不能达成这一目标。依大乘法说:"修空名为不放逸。"了达一切法性空,才能痛惜众生,于没有生死中造成生死,没有苦痛中自招苦痛;才能勇于自利利他,不著一切法,而努力于断一切恶、集一切善的进修。

三、"四如意足"：如意，是神通自在。神通自在，依禅定而引发。禅定有欲（希愿）增上、勤增上、心（止的别名）增上、观增上，依这四法而修成定，为神通所依止（如足一样）。所以欲、勤、心、观所成定，名为四如意足，也叫四神足，这是得定发通的重要行门。但为什么会发神通呢？如他心通能知他人的心念；神境通能入地、履水、升空，哪怕千里万里，一念间就能到达，这怎么会可能呢？要知身心、世界，都是因缘和合的幻相，没有自性可得。而众生无始妄执，却取著"一合相"，想像为一一个体的实在。由于实执的熏习，身心世界，一一固体化、粗重化，自成障碍，如因误会而弄到情意不通一样。这才自他不能相通，大小不能相容，远近不能无碍。修发神通，不过部分或彻底地恢复虚通无碍的诸法本相而已。如修世间禅定，那是修得离去我们这个欲界系的身心世界，也就是最实体化、粗重化的身心世界。从根本禅——色界系法中，修发得神通自在。但这只是心色比较微妙轻灵，还只是有限度的虚通无碍。如修大乘出世禅定，那是观一切法如幻性空，也就得一切法无碍（论说："以无所得，得无所碍"）。所以能对"治身心"的个体化、粗"重"化，破"坏身"心的"一"合"相"，而得心意相通，法法无碍，"得如意自在神通"。

四、"五根"：根是根基深固的意思。修信根，能对"治"不信三宝四谛的"无信"。修精进根，如四正勤，能对治懒于为善、勇于作恶的"懈怠"。修念根，如四念处，能系心念处，对治"失念"——正念的忘失。修定根，如四禅，能对治散"乱心"。修慧根，如四谛、二谛、一实谛的正知，能对治"无慧"的"众生"。众生二字,应通前四根。五法具足,善法才坚固,所以叫五根。

五、"五力":五力的内容,还是上面说的信、勤、念、定、慧。但由于五根的善力增强,进而有破"治"不信等"诸烦恼"的"力"量,所以又名为五力。

六、"七觉分":也名七菩提分。(一)择法觉支(支就是分):择是简择、抉择,为观慧的别名;法是智慧简择的正法。这是七觉分中的主体,余六是助成。(二)喜觉支:喜是喜受,因为深尝法味,远离忧苦而得悦乐。(三)精进觉支,即依择法而向寂灭的精进。(四)念觉支,即正念相续。(五)轻安觉支,是因得定而起的身心轻安。(六)定觉支,即与慧相应的正定。(七)舍觉支,这不是舍受,而是行蕴中的舍心所,住心平等而不取不著。以择法为中心的七觉分,能达成正法的觉证。如能现觉正法,知法入法,就能对"治"于"诸法中"所有的"疑悔错谬"。在迷不觉的众生,在人生旅程中,不是面临歧途,踌躇不决——疑;就是走上错路,盲目前进而死路一条——错谬。错误与疑惑,到头来是彷徨、空虚、忧悔。正觉的圣者,主要为断除三结——我见、戒禁取、疑。我见是理的迷谬;戒禁取是行为的错谬;而疑是对三宝四谛——真理与道德的怀疑。如真正地觉悟了,这一切烦恼都不再存在,因而是真知灼见,心安理得,充满了正法的喜乐,而没有忧悔(这名为"于法无畏")。在一切菩提分中,这是极重要的一项。

七、"八正道":这是如来说法最先揭示的道品,为离邪向正、转迷启悟的修持轨范。(一)正见:于四谛、二谛、一实谛的深彻知见,为八正道的主导者。(二)正思惟:对于正见的内容,深思而求其实现。这二者,属于慧学。(三)正业:为远离杀、盗、淫的身恶行,而有身正业。(四)正语:为远离妄语、两舌、恶口、绮语,而有正语。(五)正命:是如法得财,如法使用,所有的正常经济生活。这三者属于戒学。(六)正精进:即断恶修善,为助成一切道品(三学)的精勤。(七)正念:于正见、正思所得的正法,系念现前,不忘不失。(八)正定:因系心一处,到达禅定的成就。这二者是定学。八正道,以无漏的戒定慧为体。这不但是圣者的,"八正道行入涅槃",也是凡夫邪道的彻底对治者,所以说能对"治堕邪道"的"一切众生"。堕邪道,即邪定聚众生。邪道,是八邪道——邪见、邪思惟、邪业、邪语、邪命、邪精进、邪念、邪定。有了八邪,一定堕落恶趣。修八正道,才能回邪向正而使他解脱。

戊三　结说

迦叶! 是为菩萨毕竟智药,菩萨常应勤修习行。

上面所说的,三类十项的对治行、七类三十七品的菩提行,都是菩萨修集所成的,以智为主的法药。菩萨以此自利,也就以这样的智药,遍十方界去化导群迷,救治众生的生死重病。这些智药,本来都是声闻所常用的法药,为什么称为菩萨的智药呢?这因为,(一)大乘能容受一切,所以名大。这些声闻所修行的三乘共法,也就是大乘菩萨的修法,所以《大般若经·摩诃衍品》就以三十七品等为大乘。(二)在大乘菩萨修学起来,也就比声闻的深一层。如以没有出三界愿为无愿;以涅槃寂静来对治净颠倒;以不堕我见来说四念处等。所以只要以大乘心行来修学,小法也就成为大乘了！如来将这些法药说明了以后,结告迦叶说:"迦叶"！这就"是菩萨"的"毕竟智药",能彻底救治众生的大法。这些,无论是自利,或者利他,作为修学"菩萨"道的,都是时"常应"该精"勤修习"实"行"的。

丁二　出世智药治

戊一　举喻起说

又大迦叶！阎浮提内诸医师中,耆域医王最为第一。假令三千大千世界所有众生,皆如耆域,若有人问心中结使烦恼邪见疑悔病药,尚不能答,何况能治！菩萨于中应作是念:我终不以世药为足,我当求习出世智药,亦修一切善根福德。如是菩萨得智药已,遍到十方,毕竟疗治一切众生。

再来说毕竟的出世智药。以我执系著而起的,是世间法;体达空无我性,超胜了这样的世间法,名为出世。出世为佛法本义,但每被人误解。如来要说明出世智药,先以比喻说起。"大迦叶"！譬如我们这个地区,是四大洲之一的南"阎浮提"洲,从有一棵阎浮提树得名。在这阎浮提内,所有的"诸医师中",要推"耆域医王最为第一"。耆域,是频婆娑罗王的王子,长于医药,为当时僧团的特约医师。由于他医理高明,所以赞为医王。耆域是一位了不起的大医师！然而,"假令三千大千世界所有众生",大家"皆如耆域"那样的擅长医药,简直是没有治不了的病。"若有人问"起:人们"心中"的"结使、烦恼、邪见、疑、悔"等心"病",该用什么"药"来治疗?那大家"尚不能答"复——根本不知道,又从哪里答起！连答都答不出来,"何况能治"疗这心中的烦恼病呢！结使等烦恼，为生死根本，有烦恼就有业，有业就有生死苦报。所以解脱生死重病，要从根治烦恼下手。可是世间的医师虽也有治精神病的，应用心理治疗的，但对心中的烦恼头数、烦恼力用……根本不明白。不能认识病源，当然不能下药治疗了！学"菩萨"道的，对"于"此"中"道理有深刻的认定，知道这不是世间一般所能根治的。所以"应"该常"作是念：我终不以"一般的"世药为"满"足，我当求习出世"间的"智药"。不但学习出世的真智慧，还要"修一切善根福德"。这样的福慧双修，才能自他两利。"如是，菩萨"学"得"了"智药"，就会"遍到十方"界去，"毕竟疗治一切众生"的生死重病。

戊二　随义正说

己一　标法性空以观心

何谓菩萨出世智药？谓知诸法从缘合生；信一切法无我无人，亦无众生寿命知见，无作无受；信解通达无我我所。于是空法无所得中，不惊不畏，勤加精进而求心相。

　　说到出世的毕竟智药，就是究竟解脱的不二法门。依唯识宗的现观次第，是先观所取空，次观能取空，然后趣入现证。依中观宗的现观次第，是先泛观一切法空，次观能观的心也空，然后趣入现证。大致相近，但唯识宗以唯识无境的胜解为方便，而中观宗以缘生无性空为方便。本经所说，更顺于中观的修法。

　　如来承上譬喻，进一步起问：什么叫"菩萨出世智药"？这是先要依经（论）的教理，了"知诸法"都是"从缘"和"合"而"生"。一切法依众缘而有，依众缘而生。离去因缘，就什么都不能存在，这是确认了佛法的根本法则。既然一切是因缘和合而有，那就能深"信一切法"是"无我、无人，亦无众生、寿命、知、见，无作、无受"了。这就是依因缘和合生的法则，信得"诸法无我"法印。这里的我、人到知、见，都是我的异名。在《大般若经》中，我的异名，一共有十六名。在上面解说我空时，已说到我、人、众生、寿命；这里再说到四名。外道、凡夫，对于自我，以为是能知者、能见者、作善恶业者、受果报者。所以知、见等，都是自我的别名；在缘生无我的正观中，一切都不可得。能信得诸法无我，也就能"信解通达无我我所"。信，是依人及经论所说，经教理的推比而起信；解，是经思惟而得深刻的胜解；通达，是修慧，能深彻地了达。无我，就没有我所；无我是我空，无我所是法空。——上来泛观一切法空。

　　进一步，要返观这能观的心相也空。一般人，大都是"依识立我"；所以这也就是广观法空，而后反观我空的现观次第。如上所说的我法皆空，是最难信解的。因为一般都误以为空是没有，所以听说一切空，就不免有没有着落的恐怖。但大乘利根菩萨，从缘生无性去解空，知道"毕竟空中不碍一切"。有业有报，有修有证，能于毕竟空中立一切法，所以能"于是空法无所得中，不惊不畏"。不但不惊怖，而且深信不疑，更能"勤加精进"，由博返约，从一切法空中，"而求心相"是什么。心相，也可译作心性。求心相，就是求心的自性。知见作受，系缚解脱，众生总以为心在主宰。有心可得，为众生妄执的最后堡垒；所以非进求心相不可。从前慧可禅师，向达摩禅师求安心法。这也是以为有心可得，而只是忧悔不安，不得自在。达摩禅师说："将心来与汝安！"这就是要他返观自心,勤求心相。可禅师求心的结果是"求心了不可得"。这与下文的观心一样,这才是安心解脱的不二法门！

己二　观心无性以显性

庚一　观心无性

辛一　约胜义观心无性

菩萨如是求心:何等是心？若贪欲耶？若嗔恚耶？若愚痴耶？若过去、未来、现在耶？若心过去,即是尽灭;若心未来,未生未至;若心现在,则无有住。是心非内、非外、亦非中间。是心无色、无形无对、无识、无知、无住、无处。如是心者,十方三世一切诸佛,不已见、不今见、不当见。若一切佛过去来今而所不见,云何当有？但以颠倒想故,心生诸法种种差别。是心如幻,以忆想分别故,起种种业,受种种身。

以下是勤求心相,观心无性以显性。在说明上,分为观心无性、无性即性两节。观心无性也分二科,先正约胜义显无性,是勤求心相的正意。如来先总标说:"菩萨"应"如是求心"。怎么样求呢？应推求观察,"何等是心"？求心,是求心的自性是什么。但求觅起来,心是毕竟不可得的。本经约三门观察,(一)三毒求:心是"贪欲"吗？"嗔恚"吗？"愚痴"吗？假如心是贪欲,那嗔、痴就不是心了。假如是嗔恚,贪、痴又不是心了。假如心是愚痴,那心就不能是贪、嗔了！假使说,贪、痴或嗔、痴,可以相应,同时而有,所以不妨是贪又是痴,是嗔又是痴。但这既不免贪嗔相违的过失,而且相应共有,可见是众缘和合,而不是心自性相,自性是不二的自体呢! 这样,从这三毒去推求,什么都不能说是心。依经论成法,这应该是三性求:心是善吗? 是恶吗? 是无记吗? 心既不能局限于一性,又不能同时通于三性,所以以三性推求,心是了不可得。本经且约恶性说,从三毒去推求。(二)三时求:从时间去观察,心是"过去"的吗? "未来"的吗? "现在"的吗? "若心"在"过去",过去是已灭,那"即是尽灭"而不可得。"若心"在"未来",未来是"未生"起,"未至"现在,那不是等于没有吗? "若心"在"现在",现在只是不离过去未来的假名,并没有一念安住不动的现在。所以经上说"即生即灭"。这样,现在是即生即灭,"无有住"相,那又指什么为现在心呢? 作三时观察,心是了不可得,所以《金刚经》说:"过去心不可得,现在心不可得,未来心不可得。"(三)三处求:如心是有实自性的,那心在什么处? 在内? 在外? 在中间? 推求观察起来,"是心非内",并不能指出心在身内的哪一处。而且心如在内,怎么能了外境呢? 当然也"非外",谁能证明心在身外? 而且在外,又怎能觉了自己身心呢? 也"非中间",中间是相待的假名,是并不能确指的。观门无边,本经且约三毒、三时、三处为观门,但推求起来,不见有一定法名为心,不见心有自性可得而契入心空。

观心性空而入现证无分别性,《瑜伽论》说(经)有六句;本经前文出四句,这里译为七句,以显示心相不可得。七句是(一)"是心无色",非色根识所能得的色相。(二)"无形无对",无形就是无对,是译者的衍文。这是说,心不如五尘等那样的有形有对。(三)"无识",不是意根识所能明了的。(四)"无知",

也不是杂染有漏识所能知的。（五）"无住"，不是心依根住而有所得的。（六）"无处"，也不是心在器世间而有处所的。观察起来，心是这样的无所得，唯是如如无差别性。所以如来接着说，不是由于智力微薄，观察不到，而是心相本来如此。"是心"，连"十方三世一切诸佛"，也是观心了不可得。过去佛，"不已见"；现在佛，"不今见"；未来佛，"不当见"。这样，"若一切佛"，也"过去"未"来"现"今"——三时观"所不"能"见"，那怎么众生一定以为应"当有"心可得呢？

经说"云何当有"，是反问，以表显心不可得。但从下文看，也是伏一疑问。尽管胜义观中，求心了不可得，但心确是那样的现成，这到底是什么呢？这可说是人人怀疑的问题。从前德山禅师，挑了《金刚经》青龙疏，想到南方去难破禅宗。半路上遇到卖点心的婆子，问他："《金刚经》说三心都不可得，上座点的是哪一个心？"德山竟茫然不知所答。德山以为心不可得，就误会为没有心了。真俗不能无碍，解空不能达有，难怪他经不起老婆子现实门中一问，就落得哑口无言。这问题，且看如来如何解答！佛说："但以颠倒想"，"心生诸法种种差别"。为了解说这二句，接着说："是心如幻"，"以忆想分别"，所以心与烦恼俱起，而"起种种"善恶"业"；作了业，就"受"人天恶趣等"种种身"。这一解说，包含两个意义：（一）心是什么？是本性空而如幻的有。虽现现成成的有心，有分别，心相是了不可得。心是如幻性空，并非不可得中别有什么微妙的、真实的心。（二）心生种种差别法生，确是《阿含经》以来的决定说。这与唯识学的依识立境，"诸识所缘，唯识（心）所现"不同。这是说：由于无始来的妄想心,所以造业受果,生死流转。心就是那样的如幻如化,那样的虚妄颠倒。在幻化虚妄中,织成幻化虚妄的三界六道,生死不了。如以为一定有心可得,是真是实,那不妨打破沙盆问到底,心是什么? 怎么样有的? 什么时候开始有的? 一连串的推求观察,而心是了不可得。通达心无所得,就能现证真性,解脱自在!

辛二　约世俗呵心妄有

又大迦叶! 心去如风,不可捉故。心如流水,生灭不住故。心如灯焰,众缘有故。是心如电,念念灭故。心如虚空,客尘污故。心如猕猴,贪六欲故。心如画师,能起种种业因缘故。心不一定,随逐种种诸烦恼故。心如大王,一切诸法增上主故。心常独行,无二无伴,无有二心能一时故。心如怨家,能与一切诸苦恼故。心如狂象,蹈诸土舍,能坏一切诸善根故。心如吞钩,苦中生乐想故。是心如梦,于无我中生我想故。心如苍蝇,于不净中起净想故。心如恶贼,能与种种考掠苦故。心如恶鬼,求人便故。心常高下,贪恚所坏故。心如盗贼,劫一切善根故。心常贪色,如蛾投火。心常贪声,如军久行,乐胜鼓音。心常贪香,如猪喜乐不净中卧。心常贪味,如小女人乐著美食。心常贪触,如蝇著油。

　　胜义观中,心是毕竟不可得的;有的是世俗如幻妄心,为作业受报的主导者。上明从观空入证,本可以直接"无性即性"的下文。但对于世俗幻妄的心识,本不可得而众生著有,实为颠倒忆想分别的根源,所以又大加呵责,劝众生远离它。如知道心的幻妄而不惑,知道心的性空而不著,自能离妄心而现证无分别法性。呵妄心有一大段喻说,共二十四句,可说是集阿含与毗尼中散说的大成。如来在本经中,一一地总叙出来。

如来说:"大迦叶"!如幻的妄心,是怎样的呢?一、"心"是似有而不可得的。刹那生起,就灭入过"去,如风"一样的迅速,风一样的"不可捉"摸,没有一些痕迹可得。二、"心如流水",俗说"长江后浪推前浪",刹那"生灭不住"。所以才觉得此心,早就不是此心了。三、"心如灯焰",从"众缘有"。灯焰是依缘而有的,所以看起来灯焰长明,而其实是由于众缘——油及灯芯等的被烧,前后的灯焰相续,并不一样。四、"是心如"闪"电"一般,一霎间过去,所以说"念念灭"。五、"心如虚空"那样,本来清净(净是空的异名),什么也不可得。但由于外来的"客尘"——云、雾、沙尘等,而现出虚空昏暗的"污"染相。经上说:"心性本净,客尘所染。""是心非心,本性净故。"如以为众生有一清净真心,那就不是如来虚空喻的本意了。——上来五喻为一段。风喻无常故空;流水、灯焰、电,喻无常;虚空喻不净。

六、"心如猕猴"一样,跳跃不停;不是拉着这个,就是捉住那个。心的"贪"爱"六欲"——微妙的色欲、声欲、香欲、味欲、触欲、法欲,也是贪这贪那而不息的。七、"心如画师":画师能在白纸上画出山水、人物、鸟兽,形形式式。心在一切本空中,以忆想分别,"能起种种"善恶"业因缘"。有了业因缘,就会招感三界六趣的种种报身。八、"心"如生性"不一定"的人,自己毫无定见,一切随环境转。心没有定性,所以也就"随逐种种诸烦恼",或时成贪心,或时成嗔心,或成㤭慢心等。九、"心如大王"，大王是一国的主，有权力，能统摄。心在"一切诸法"中，也是"增上"——最有力的"主"导者。这约第六意识说；如约心与心所相应，六识都名为心王。十、"心常"如"独行"而"无二无伴"的人；这以旅程中的独行者为喻。心在生灭过程中，也是"无有二心能一时"中有的。但这不妨多识并生，也不妨心与心所同时相应，不过说在一念心中，没有二眼识、……二意识可以同时生起而已（但一心论者、心所无体论者，就依据这一比喻而成立他的理论）。十一、"心如怨家"，怨家是时常想害你，使你受苦。心的认识不全，烦恼相应，所以心也"能"给"与"众生以"一切诸苦恼"。十二、"心如狂象"，象一旦发起狂来，土地也被践踏，房舍也会被撞倒，所以说"蹈诸土舍"。这如心颠倒起来，"能坏一切诸善根"；特别邪见起重恶业，能断善根。——上来七喻为一段，广明心的作用。其中心如大王、心如画师、心常独行，尤为佛法所常说。

　　十三、"心如"鱼的"吞钩"，被钓住而有丧生的危险，却颠倒地以为美味当前，在"苦中生"起"乐"的觉"想"。十四、"是心如梦"一样，颠颠倒倒，好像别人就是自己，以为我在做什么，而不知是"于无我中生"起自"我"的觉"想"。十五、"心如苍蝇"，在粪便等臭秽物上乱飞，"于不净中"，颠倒地生"起净想"。——上来三喻为一段，明颠倒心。

　　十六、"心如恶贼"，为了劫夺物品，追求宝物的所在，"能"以残酷手法，"与"人以"种种考掠"的"苦"痛。十七、"心如恶鬼"一样，常"求人便"——伺人以可乘的机会。如人的福尽了，或起了邪心、作了恶业，恶鬼就乘虚而入，作怪害人。十八、"心常高下"不平,如恶神一样。没有平等心,因你的信他不信他而或爱或恨,给人以幸福或灾祸。心也就是这样的,常为不平等的"贪恚所坏"——变异。十九、"心如盗贼",如不加防备,会"劫"夺你所有的"一切善根"。——上来四喻为一段,形容心的邪恶。

二十、"心常贪色",色是显色、形色,特别是(男)女色。如贪欲心盛起来,就"如"飞"蛾"的自"投火"中一样,死活都不顾的。二十一、"心常贪声",如歌唱、音乐。贪声的,听见了就心里舒畅,"如"从"军"的"久"在"行"伍,习惯了,就爱"乐"战"胜"的凯旋"鼓音"。二十二、"心常贪香",香是好香、恶香、平等香的总称。俗语说:"如入鲍鱼之肆,久而不闻其臭。"心如贪香(臭)成习,那会越臭越过瘾。"如猪喜乐"在粪秽"不净中卧",你要拉猪到清净所在,猪是死命都不肯走的。二十三、"心常贪味,如小女人乐著美食",这有一故事在内。国王有一幼女,宫人抱着到王园中去玩。经过大树,忽然落下一颗不曾见过的果实,宫人捡来给王女吃。王女吃了,非常好吃,一定还要吃。这到哪里去找呢? 宫人研究起来,大树上有鸟巢,这一定是老鸟从深山中衔来喂小鸟,不慎而落下来的。于是宫人伏在树上,等老鸟衔果回来时,就夺下给王女吃。久了,老鸟生了气,衔一颗看来一样的毒果回来。宫人照样地伏在树上,抢果来给王女吃,这可吃得肠断而死。俗语说"拼死吃河豚",也正是贪美味而不惜一死的明证。二十四、"心常贪触"——轻、软等合意的触觉。"如"苍"蝇"的贪"著油"的润滑,而终于死在油中一样。——上来五喻为一段,明心贪五欲的过失。

庚二　无性即性

辛一　无为相

如是迦叶！求是心相而不可得，若不可得，则非过去未来现在。若非过去未来现在，则出三世。若出三世，非有非无。若非有非无，即是不起。若不起者，即是无性。若无性者，即是无生。若无生者，即是无灭。若无灭者，则无所离。若无所离者，则无来无去，无退无生。若无来无去无退无生，则无行业。若无行业，则是无为。

　　现在要说到无性即性。依经文看来，这是直承前文——胜义观心无性而来。空与无性，一般总觉得是否定、是没有；总觉得应该有其所有，真如实相是真实有才对。然如来的方便开示，是从空无自性中显示法性的。如《般若经》说："何谓诸法自性？一切法自性不可得，是为一切诸法自性。"换句话说，众生于一切法执有自性，所以法性不显。唯有通达一切无自性，一切不可得，说似一物即不中，才开显了一切法的自性。所以，无性为自性，是有甚深意义的。如在无性外别求自性，无性与自性相对立，那就失去了如来说法的善巧方便，有言无义。本经的显示法性，充分地表显此义。这又分两节来说。

　　如来承前文的观心不可得，对迦叶说："如是迦叶"！上面从三毒门、三时门、三处门，种种方便来观察，"求是心相而不可得"。不但凡夫不能得，十方三世诸佛也不能得，这可见真实如此，并非颠倒了！"若"心是毕竟"不可得"，那就"非过去"法、非"现在"法、非"未来"法。"若非过去未来现在"，那就"出三世"，也就是不落时间，超越时间了。"若出三世"，不落时间相，那就"非有非无"。为什么？有，一定是因缘和合的有。从因缘而有，一定有时间相可说。所以既不落时间相，就不能说是有了。既然非有，也就是非无。无与有相对，待有成无。或约时间说，或约空间说，或对他说，或自身分位说，都是待有而无的。如非有，也就非无，例如一向就没有牛角、鹿角等，那也决不会说兔角的没有了。有与无，为认识上极根本的概念，如非有非无，就不落意识，不落言诠了。如来从超越时间、超越有无，进一步说："非有非无"的，"即是不起"。起是从没有到有，从不是所知而成为所知的。如有无都不可说，那还有什么起呢？"若不起，即是无性"，无性是没有自性。如有自性，就有现起的可能；既毕竟不起，可见是极无自性了。"若无性，即是无生"，这如经上说："若说缘生即无生，是中无有生自性。""若无生"性，也"即是无灭"。没有生，怎会有灭呢？"若无灭"，那就"无所离"。不生不灭中，有什么可离呢！"若无所离"，就"无来无去，无退无生"。无来无去，约死生往来、生来死去不可得说。无退无生，约善恶、得失的不可得说。退是得到了而又失去，如世间定慧的退失，或善恶业力的有尽。生是没有而得到了。这样的"无来无去，无退无生"，就"无行业"。业是动作、事业；行是迁流、造作。一切无来无去，无得无失，那就没有行业可说了。"若无行业"，那就"是无为"。行业是有为法，有为法是业烦恼所为（作成）的；有生有灭而迁流三世的。所以没有行业，就是业烦恼所不起的、生灭所不得的无为。大小乘论师，虽成立多种无为，但如来对有为说无为的本意，如本经所说，是《阿含经》以来一致的定说。这一段，从观心空不可得，展转显示现证的无为法。

辛二　圣性相

壬一　泯诸相

若无为者，则是一切诸圣根本。是中无有持戒，亦无破戒。若无持戒无破戒者，是则无行亦无非行。若无有行无非行者，是则无心无心数法。若无有心心数法者，则无有业，亦无业报。若无有业无业报者，则无苦乐。若无苦乐，即是圣性。是中无业无起业者，无有身业，亦无口业，亦无意业。是中无有上中下差别。

以下，据现证无为而显示圣性，先约泯绝诸相说。佛先总标说："若无为"法，那就"是一切诸圣"——三乘圣者的"根本"。无为法本来如此；如以此为所依而体证这无为法，那就成为圣人——声闻四果、缘觉、大地菩萨、佛。圣是正义，离惑而证真的，叫做圣人。《金刚经》也说："一切贤圣，皆以无为法而有差别。"如离去无为法，就没有圣人可说。诸圣者所现证的无为法，是没有时空相，没有能所相，没有心境、名义、质量等相待相。所以，在这现证的绝对空性——无为"中"，是"无有持戒"，也"无破戒"可得。本经在宣说菩萨广大正行时，特重于戒律（下面也如此），所以在六度万行中，举戒来说。戒，如受持不犯，不染污，不渗漏，不破损，名为持。犯了戒行，损坏了戒体，叫做破。从现相边说是如此，但深求一切法的真相，无性空不可得——无为，这是没有能持所持的相对，也没有受持与破坏的增减。所以《般若经》说："戒性空，持犯不可得故。""若"无为中，"无持戒，无破戒"，那就"无行"、"无非行"了。行是身行、语行、意行。持戒与破戒，都是行；持戒破戒不可得，就无行；无行也就无非行。"若无有行，无非行"，那就"无心、无心数法"。心数，即心所的旧译。心是六识，心数是受想行等。无行与非行，当然无心与心所可得。"若无有心心数法"，就"无有业"、"无业报"。业是思心所相应，及引起的身语动作；心是受业的果报主。所以如没有心与心所，就没有业与业报可说。"若无有业无业报"，就"无苦乐"，苦乐约业力所感的苦报乐报说。"若无苦乐"，那就超脱了生死系缚的业报，那"即是"离系的"圣性"。上文揭示无为为圣者的根本，展转论证，到这才归结到就是圣性。圣者以此而成，也就是圣者以此为性。如在大乘不共学中，就称为佛性。圣性、佛性，只是无为——法空性的别名。从上来的显示，可见圣性"中"是"无业、无起业"的人；所以"无有身业"，"无口业"，"无意业"。圣性中没有行业，所以没有优劣，没有增减，没有得失，一切平等，所以说"是中无有上中下差别"。圣者所现证的，圣者以此为性的，就是这样的无为。《金刚经》也说："是法平等，无有高下。"

壬二　显净德

是性平等，如虚空故。是性无别，一切诸法等一味故。是性远离，离身心相故。是性离一切法，随顺涅槃故。是性清净，远离一切烦恼垢故。是性无我，离我我所故。是性无高下，从平等生故。是性真谛，第一义谛故。是性无尽，毕竟不生故。是性常住，诸法常如故。是性安乐，涅槃为第一故。是

性清净，离一切相故。是性无我，求我不可得故。是性真净，从本已来毕竟净故。

　　上来约泯绝诸相说，现在在不可说而又不可不说中，方便显示那圣性的清净德性。共十四句。一、"是性"——上文所说的圣性，是"平等"的，不生不灭，不增不减，不垢不净，"如虚空"一样。二、"是性无别"，"一切诸法"虽万别千差，而究极是平"等"的"一味"；同一解脱味，为圣者所同证。如"四河入海，同一咸味"一样。——上二总说圣性的平等无差别性。

　　三、"是性远离"，因为远"离身心相"。身相心相，系著众生而不离；但在圣性中，是没有身心的系著相可得。四、"是性离一切法"，从身心而扩大到一切法；为什么离这生死一切法？因为圣性是"随顺涅槃"的。涅槃是无为法，可以说圣性就是涅槃。但约究竟的无余涅槃说，圣性是随顺涅槃、趣向涅槃、临入涅槃的。五、"是性清净"，因为"远离一切烦恼垢"染。圣性清净，本来是离垢的。又从一切法而说到系缚的烦恼，但圣性是"修证即不无，污染即不得"的清净。六、"是性无我"，因为圣性是"离我我所"而证的。我是烦恼系缚中的根本著处，所以又说离我。离我我所才能现证圣性，那怎么可说这圣性是我或真我呢！——上四句，约圣性离染说。

　　七、"是性无高下"，因为圣性是"从平等"的无为法性而现证的，与平等法相契而"生"起的。证平等理，所以圣性也没有高下可说。八、"是性真谛"，谛是确实不倒的意思。谛有二：（一）世俗谛，就世俗而说谛，其实是虚假的。（二）胜义谛，是无漏胜智所证的真义,这不但是谛,而且是真而非妄的。现在说:圣性是真谛,因为这是"第一义谛"。第一义谛为胜义谛的异译。既是无漏胜智所证的,那当然是真谛了。——上二句,约真理与胜智显圣性。

九、"是性无尽",无尽是一直如此,没有灭尽相;圣性是"毕竟不生"的,所以也没有灭尽可得了。十、"是性常住",常与无尽(恒)略不同:无尽约三世如此说,常约超越三世说。说圣性是常,因为一切"诸法常如"其性,不变不失。所以《法华经》说:"是法住法位,世间相常住。"十一、"是性安乐",在一切安乐中,有为乐可尽;唯"涅槃"出三界苦厄的离系乐,最"为第一"。十二、"是性清净","离一切"妄取"相",性自空寂,所以名清净。上说清净,约离垢说;这里约一切相不现说。十三、"是性无我",于圣性中"求我",是毕竟"不可得"的。十四、"是性真净",不是始染而终净,不是相染而体净,不是离染而成净,这是"从本已来毕竟净",所以说真净。上说性净,这里说真净,如空有性空与毕竟空一样。——上六句,与一般所说的是常、是乐、是净相同,但说无我,与常乐我净的四德说不同。虽然,圣性也可以说是我,"得自在故"。但容易与凡外的真我、常我相杂滥,所以本经不说是我,保有无我说的特色。

这就是菩萨的出世智药。以此自得解脱,也以此解脱众生。现证圣性,成就一切清净功德性:声闻、缘觉、菩萨、佛,只是智证的分满而已。——上来,正说菩萨道已究竟。

乙二　兼说声闻道

丙一　正说

丁一　应机开示

戊一　比丘应行不应行

己一　应修三学

庚一　增上戒学

又大迦叶！汝等当自观内，莫外驰骋！

本经以菩萨道为主，而兼说声闻道。菩萨与声闻，是同证法
空性的。基于同一正法，所以是"无所得大，无所得小"，声闻法
决不是法有我有，或法有我无的。因为大小同得无所得正观，一
定能信解空义。所以《般若经》说：须陀洹一定能信般若法门。
《法华经》也说：不信一乘，是增上慢人——自以为然的假名阿
罗汉。现在，如来本着这佛法不二、解脱一味的深见，再来开示
声闻道。经文分正说、巧说、密说三科；正说是一般开示的声闻
常道。在声闻法中，以出家的比丘为主，所以先说比丘的应行不
应行。应修行的，就是戒定慧三学。

佛说三学，以戒为依止，依戒而进修定慧，依慧而得解脱，所
以名为增上。如来"又"告诉"大迦叶"说："汝等"声闻弟子，应
"当自"己反观自身，反"观内"心，发现自己的烦恼而降伏它。
能内观，才能进入佛法，才能修三学，得真解脱。切"莫"如世人
一样，意马心猿地向"外驰骋"。心在外境——尘欲上追求，那
是驰求不了，永不满足；也就是生死不了，永没有安心立命处。

"当自观内,莫外驰骋",可说是佛法的标帜,为戒定慧三学内在共同的特质。

如是大迦叶! 当来比丘如犬逐块。云何比丘如犬逐块? 譬如有人以块掷犬,犬即舍人而往逐之。如是迦叶! 有沙门、婆罗门,怖畏好色、声、香、味、触故,住空闲处,独无等侣,离众愦闹,身离五欲而心不舍。是人有时或念好色、声、香、味、触,贪心乐著而不观内,不知云何当得离色、声、香、味、触。以不知故,有时来入城邑聚落,在人众中,还为好色、声、香、味、触——五欲所缚。以空闲处持俗戒故,死得生天,又为天上五欲所缚。从天上没,亦不得脱于四恶道——地狱、饿鬼、畜生、阿修罗道。是名比丘如犬逐块。

如来开示戒学说:大"迦叶"! 我为比丘们制戒,现在的声闻弟子,多数能如法如律,深见如来的意趣。可是"当来比丘",怕就不知佛法的真实意趣,专在形式仪表上着力,"如犬"的追"逐"土"块"一样。怎么说"比丘如犬逐块"呢?"譬如有人,以"土"块"投"掷"守门的"犬,犬"忘了守门,不知去追逐那个人,竟然"舍人而往逐"那土块,这不是愚痴吗? 不追逐人,人不逃走,那土块是永远投不完的。忙忙碌碌地逐块,结果是门也忘记守了。如来说了譬喻,才合法说:"如是,迦叶! 有"些勤修众善、止息恶行的出家"沙门"(沙门是梵语,意译为勤息),还有持戒修清净行的在家婆罗门(婆罗门是梵语,意译是净行;不一定指婆罗门种姓说)。这些出家在家人,为了"怖畏"那"好"的"色、声、香、味、触"——五欲,不敢迷恋五欲,而免堕落恶道,不

得解脱苦恼,这才"住空闲处"——僻静的环境;"独"自居住而
"无"师友"等侣",远"离"大"众"的喧嚣"愦闹",一心去修行。
可是他们虽"身离五欲,而心"欲却并"不"能"舍"离。不知道
微妙的五欲,可能引发内心的贪欲,称为欲而并不是真欲,真欲
是内心的贪欲。这样,不知道降伏内心的贪欲,而专于避免、控
制外在物欲的享受、诱惑,不等于痴犬的逐块而不逐人吗?这样
的严持戒行,头陀苦行,不贪五欲,最后是必然失败的!"是
人"——住空闲处修行的,"有时或"忆"念"曾经受用的"好色、
声、香、味、触"。他们尽管山居苦行,但在事相上着力,"贪心乐
著"五欲,"而不"知"观"察"内"心,不知道怎样才能"当得"远
"离色、声、香、味、触"——五欲,不再受它的诱惑。他们始终
"不知"从根去解决,所以虽长期地住山持戒,而一直过着物欲
与离欲的矛盾生活!人不能永远山居独处的,"有时"为了什
么,又"来入城邑聚落,在人众中",遇到了诱惑的境遇,内心控
制不了(特别是内心压抑久了,更易冲动),于是"还为好色、声、
香、味、触——五欲所缚",也就是舍戒还俗了,从山林出来,重
过喧嚣的生活;或犯戒而仍混在僧团中过活。这是现生就失败
了的,非堕恶趣不可!即使他终老山林,严持戒律,苦行头陀到
底,但他在"空闲处"所"持"的,是"俗戒",仅是世俗的事相戒。
以这种持戒功德,"死得生天"。欲界天上,是最微妙的五欲所
在,天子天女,欲乐自在。那时的持戒苦行,早不知哪里去了,
"又为天上"的"五欲所缚",而过着欲乐的生活。等到天寿尽
了,"从天上没"(与殁同),持戒功德已受用尽了,恶业现前,也
"不得脱于四恶道——地狱、饿鬼、畜生、阿修罗道"的苦报。众生

生死的趣向有六，名六趣或六道。人与天为二善道；地狱等为四
恶道。地狱是最苦的处所，有八热、八寒大地狱，及游增地狱等。
饿鬼中，虽也有多福的，受用不了；但多数是无福的，常受饥饿苦，
所以以饿鬼为名。畜生，实包括一切的禽、兽、鳞、介。阿修罗，意
译为非天。这是本住忉利天，而现退住须弥山下的大海中，可说
是堕落的天神。上面说的那种沙门、婆罗门，在制御外来的五欲
上着力，怎样持戒，怎样苦行，而不知在内心的贪欲上下一番功
夫。知外而不知内，知形仪而不知心地，"是名比丘如犬逐块"。

**又大迦叶！云何比丘不如犬逐块？若有比丘，为人所骂而不
报骂，打、害、嗔、毁亦不报毁，但自内观，求伏其心。作如是
念：骂者为谁？受者为谁？打者、害者、毁者、嗔者，亦复为
谁？是名比丘不如犬逐块。**

　　佛"又"告"大迦叶"，那要怎样才"比丘不如犬逐块"呢？
上从心离贪欲说，今再从心离嗔恚说，以说明降伏内心的任何烦
恼，是达成清净持戒的心要。"若有比丘"，遇到恶因缘，不管是
自己不对，他人不对，或者是误会，总之，如"为人所骂而"能"不
报"以"骂"詈；受到别人的"打、害"、"嗔"恨、"毁"辱，也"不"加
"报"复，不会你打我也打，你毁辱我我也"毁"辱你。这样的不
为嗔恚烦恼所动，能忍辱而不还报，才能清净持戒。对外不采取
报复态度，中国也有"唾面自干"等忍辱法。但一般的修养，如
遇重大的逆境当前，要忍也难忍了！佛说：要坚忍持戒，非要
"自"己"内观"，以"求"降"伏其心"，不随嗔恚等转不可。降伏
其心的方法是，内心"作如是念"："骂"我"者为谁"？"受"骂
"者为谁"？"打者、害者、毁者、嗔者"，又"为谁"？这大有中国

禅师看话头的风格。谁？谁？谁？观察推求起来,由于一切法无我,骂者不可得,受骂者也不可得。骂者与被骂者不可得,骂也就不可得了。骂不可得,那还会气愤不平吗？还会报骂报打吗？以我法空的观慧来自观其心,嗔恚早就不可得了！这就是《金刚经》"降伏其心"的法门。这样的比丘,不为环境所动转,能自观我法空而离嗔(离贪、离痴也如此),"是名比丘不如犬逐块"。是能知佛法的真实意趣,才是能清净持戒的人。

依经文来说,戒律好像是一套外来(佛制的)的法制规章,从轨范身口以节制内心。其实戒律的真意义,还是要从净化内心中去严净戒律。没有出世正见,怎会有出世的正业、正语、正命呢！

庚二　增上心学

迦叶！譬如善调马师,随马㦬悷,即时能伏。行者亦尔,随心所向,即时能摄,不令放逸。

增上心学,就是定学;心是定或止的别名。如持戒清净,就能心安理得,容易进而修定了。如来先举喻说:"迦叶！譬如善"于训练马的"调马师","随"那"马"是怎样的"㦬悷"不调,如性情暴恶、不受驾御、乱跳乱奔等,都有适当的方法。主要是勒紧缰绳,加上鞭打、锥刺,"即时能"使马降"伏",随调马师的意思而行动。接着合喻说:修"行者"的修心——修习禅定,就如调马师的调马一样。为什么修定？为了心的散乱成性,不是掉举而妄想纷飞,就是惛沉而暗昧不明。在这样的散乱心中,触境随缘,心不能自主,为贪嗔等烦恼所役使。那样的散乱、掉举、惛沉,如㦬悷的恶马一样,非经一番调治,决不能自如。调伏心的方法,主要是"随心所"念而"向"外驰求——忆过去,念未来,向五欲,向贪嗔痴,向亲里、国土等时,不让它继续外向,而"即时能摄"心回来。换言之,是摄心内向,使心安住于应住的境界。佛法中说到系念摄心的方法极多,最简要的是观心。使心不外散,而念念返观自心,安住自心。这一摄心内住的法门,能"不令"心如野马般的"放逸"。如修习到定心增明,不但能发禅定的无边功德,更可以修慧而向解脱。

庚三　增上慧学

迦叶! 譬如咽塞病,即能断命。如是迦叶! 一切见中唯有我见,即时能断于智慧命。譬如有人随所缚处而求解脱。如是迦叶! 随心所著,应当求解。

摄心不放逸,即使达到禅心自在,也还只是定学。佛教人于定中修观,修胜义观慧而得解脱,才是增上慧学。佛又举喻说:"迦叶! 譬如"生病,各式各样的,或轻或重,或急或缓。但如生了"咽"喉阻"塞病",如乳蛾胀、喉头癌等,那就与其他的病情不同,"即能"使人"断命"而死。"如是迦叶"! 在"一切见中,唯有我见"最为根本,"即时能断"众生的"智慧命",如咽塞病一样。智慧(般若)与无明相反,有无明就没有般若,般若起就能破无明。无明能障慧明,是著我著法的实有,也就是不了我我所空的我我所见(有我,就有我所)。所以我我所见,是我法空慧的根本障碍,说我见是能断智慧命的重病。知道了这点,那么什么病、病在哪里,就应治什么病、向哪里去治,才能药到病除。不能如俗语说的"东门遇鬼,西门送祟"才好!

依上所说,生死根源的病本是我见,那么想解脱生死系著,唯有能治我见的空慧了! 如来为此又举喻说:"譬如有人"被人系缚了,那要认清缚在哪里,一定要"随所缚处而求解脱"。不能缚在足部,而向腰间去求解。这样,一切烦恼以萨迦耶见——我见为本,我见就是系缚。我见系缚什么呢? 我们为五欲所缚,为名利权力所缚,为男女色事所缚,但根本缚著处是心。心与我见相应,著自心为实而起我见,所以"随心所著","应当"向心去"求解"脱。如上文求心不可得的观心空寂,就是解脱生死系缚的不二门。这点,唯识学说:末那识与我见相应,执阿赖耶识为自内我,名为我爱执藏,也就是一切众生的根本爱著处。中观学说:识于一切法而起著,见有自性,为我见根源。我见著处——自性,正就是如来所说:"众生爱阿赖耶,乐阿赖耶,喜阿赖耶",为众生缚著根本。所以必须随心所著而求解脱,如提婆菩萨的《广百论》说:"识为诸有种,境是识所行,见境无我时,诸有种皆灭。"

己二　应离八失

又大迦叶! 出家之人,有二不净心。何谓为二? 一者、读诵路伽耶等外道经书;二者、多畜诸好衣钵。又出家人有二坚缚。何谓为二? 一者、见缚;二者、利养缚。又出家人有二障法。何谓为二? 一者、亲近白衣;二者、憎恶善人。又出家人有二种垢。何谓为二? 一者、忍受烦恼;二者、贪诸檀越。又出家人有二雨雹,坏诸善根。何谓为二? 一者、败逆正法;二者、破戒受人信施。又出家人有二痈疮。何谓为二? 一者、求见他过;二者、自覆其罪。又出家人有二烧法。何谓为二?

一者、垢心受着法衣；二者、受他持戒善人供养。又出家人有二种病。何谓为二？一者、怀增上慢而不伏心；二者、坏他发大乘心。

比丘们所应行的，是三学；修了三学，就可以得解脱。但比丘还有八种过失，是不应有的，应离的。每类二法，所以实是八类二法。有了这八失，那就怕要堕落了！所以如来慈悲，又特为开示。

一、不净心：如来说："大迦叶！出家之人有二不净心。"不净，本可通一切不清净，但这里指"意乐不净"——内心的动机与志向的不净。哪"二"种不净心呢？"一"、欢喜"读诵路伽耶（顺从世俗的、功利的）等外道经书"。"二"、欢喜"多"积"畜"（与蓄同）种种美"好衣钵"。本来，人是身心的综合体，需要物质与精神生活的充实。在精神方面，学佛而有丰富的知识，当然是好的。但如不能获得佛法的深切信解，不能辨别得失，而好读外道的世俗的书籍，就大有问题。例如整天在政治、军事、社会、经济、科学、医药，或者上帝、永生这一类的知识熏习中，久了可能会觉得世间法非常重要，外道也着实高明，这就有动摇佛法信解的危险了！物质方面，人当然要穿要吃。但佛制，比丘们三衣一钵，随缘度日，只要能维持健康就得。如穿衣用钵（盛饭菜的器具），而重视它的质料、光泽；不但够了就算，还要多多地积蓄起来。那是追求物欲，贪心会一天天增长起来。心在不纯正的知识欲、过度的物欲上转，那当然是不清净了！

二、坚缚：如来说"出家人有二坚缚"。坚缚是系缚得紧紧的，不容易摆脱。哪"二"种呢？"一"、"见缚"：为见解、成见所缚，自以为然，固执不舍；那是从多读世俗外道的书籍而来。"二"、"利养缚"：比丘受人的财利供养，如衣、钵、饮食、日用品等。如内心的物欲增长，就会染著利养，为利养所缚。佛说"利养疮深"，如绳索的缚人，破皮破肉，彻骨彻髓一样。换句话说，为财利所迷著了，有时看得比生命还重要呢！

三、障：如来说："出家人"有了二缚，就会"有二障法"，障碍生死的解脱。哪"二"种呢？"一"、"亲近白衣"：印度的在家人多穿白衣，所以白衣即在家人的代名。如比丘多读世俗书籍，引起世俗的执见，那就会欢喜与在家人往来。觉得与在家人在一起，臭味相投，对一般出家人，反而落落难合。"二"、"憎恶善人"：自己这样的俗化腐化，言行都不合法度。不能自知惭愧，就会憎恨厌恶如法的出家（在家）人。对于他，善人们不一定有恶意，但可能会如法教诫。他不肯接受，心里不免"相形见绌"，这才讨厌如法的善人。

四、垢：如来说："出家人有二种垢"：垢是内心有了严重的污垢。哪"二"种呢？"一"、"忍受烦恼"：烦恼虽是人人都有的，但总有多少自觉，觉得不好。由于执著成见，经常与白衣往来，内心的烦恼越来越重，浪涌波翻一样。久了，反而"债多不愁，虱多不痒"，能忍受烦动恼乱，而不再有对治厌离的意念。到这时，内心已经麻木了。"二"、"贪诸檀越"：檀越是梵语，意译为施主。由于贪著利养，也就贪著施主。对于有力的施主经常亲近，以为这是我的施主、我的护法。如施主而供养别人，就会嫉妒。于是毁谤同道，争夺护法，这些可耻的行为都不断地造作了！

五、雨雹：内心有了深厚污垢，进一步会损害自己的善根。如天上落下（雨）冰雹，对于结实累累的果实、萌芽发育的幼苗，会给予严重的损害，或打击得什么都完了。如来所以说："出家人有二雨雹"，能损"坏诸善根"。哪"二"种呢？"一"、"败逆正法"：这是与佛法相违逆，等于反叛了佛教。从前刘宋时代，有一位慧琳比丘，专心世俗学问，满腹的文章经济，大受宋文帝的赏识。他参预政治，当时称为"黑衣宰相"。这是好读外书，坚持成见，亲近白衣，忍受烦恼的典型。结果，他写了一篇《白黑论》，竟说有些地方，佛法还不及儒家，这就是败逆正法了。他亏了政治力量的维护，否则早就被驱出僧团了。"二"、"破戒受人信施"：上是破见，这是破戒，实在已失去僧格。但还俗而营谋生活，也并不容易，所以依旧赖在僧团中，受人信心的布施，这怎么消受得了呢！这样的人，损害了自己的善根福德，彻底毁灭自己，岂不可怜！

六、痈疮：破见破戒而留住僧团的，不会身心安乐，如生了痈疮一样的痛苦。所以如来说："出家人有二痈疮"。哪"二"种呢？"一"、"求见他"人的"过"失；"二"、"自"己隐"覆"自己的"罪"过。破见与破戒的，僧团会严重地劝告（谏），或者处罚他。不知反省的恶比丘，唯一的办法，一方面是吹求揭发（见）别人的过失：你还不是一样！某人也是那样，你们为什么不问？僧伽有偏见，故意找我为难。甚至无中生有，诽谤诋毁，以转移人的注意，以达到减轻僧伽对自己的压力。一方面，自己犯罪作恶，决不向人发露，而尽量地掩饰覆藏起来，以免同道大众的举发。这样的自欺欺人，内心是怎样的苦痛不安！

七、烧法：如来说："出家人有二烧法"。火一样的燃烧，形容身心为烦恼与恶业所逼恼，如发高烧一样。这比皮肤上的痛疮，严重多了！哪"二"种呢？求见他过而自覆其罪的人，不能忏悔出罪，增加僧团的不安。他还在"一"、充满罪恶的"垢心，受着法衣"（如法的衣服，如安陀会、郁多罗、僧伽梨），充出家人。"二"、自己多犯戒行，却"受他持戒善人"——受五戒、八戒在家弟子的"供养"。佛曾比喻为：这样的人而服法衣，受人供养，如身裹烧热的铜镲，口吞烊铜与热铁一样。现生身心烧燃，来生不免狱火的苦迫！

八、病：如来说："出家人有二种病"，这是严重的病、必死的病。哪"二"种呢？"一"、由于他有丰富的世俗知见，往来于白衣知识——王公大臣等，自以为有学问、有势力。久之心智昏昧，还自以为对佛法很了不起。这样的"怀增上慢"，再也"不"会"伏心"——见到自己的缺点而谦卑降伏，接受僧伽的处分。如懭悷劣马，纵横在僧伽田园中，践踏一切。"二"、破"坏他"人所"发"的"大乘心"——菩提心。真正的声闻行者，深见如来的真实意趣，是不会违碍大乘的。而这种恶比丘，有学问，有势力，多利养，大抵也多徒众，心在世俗而做些非法非律的事。初发菩提心的，以利益众生为先，不急离生死，所以容易受到熏染，以他为榜样，而损毁了自己的菩提心。大乘菩提心，决不能从世俗的破见破戒中来。

这八类二法，说明了由于比丘的意乐不净，知识欲与物欲的发展，而达到必死——必堕恶道的重病。不但自己不能忏悔，还使人退失菩提心。修声闻道的比丘，必须深切地记取这八法！

戊二　沙门善学不善学

己一　标列

又大迦叶！谓沙门者,有四种沙门。何谓为四？一者、形服沙门;二者、威仪欺诳沙门;三者、贪求名闻沙门;四者、实行沙门。

出家的比丘,都是随佛修学。但学习的情形,大有差别。或是学习皮毛,或是深得心髓。所以如来约善学与不善学,而作不同的说明。先总标列说:"大迦叶"！所说的出家"沙门",可以"有四种沙门"的差别。哪"四"种呢？"一"、"形服沙门";"二"、"威仪欺诳沙门";"三"、"贪求名闻沙门";"四"、"实行沙门"。单从名称上看,就知道佛所希望比丘的,是哪一类沙门了。

己二　别释

庚一　形服沙门

何谓形服沙门？有一沙门,形服具足,被僧伽梨,剃除须发,执持应器。而便成就不净身业、不净口业、不净意业;不善护身,悭嫉、懈怠,破戒为恶:是名形服沙门。

一、"形服沙门":"有一"类出家的"沙门",在"形"仪"服"装方面,是"具足"——完备的。随佛出家,有出家的形相,这就是(一)"被(穿着)僧伽梨"。僧伽梨是衣名,意译为复合。这与一长一短的五衣(安陀会)、二长一短的七衣(郁多罗僧)不同;这是三长一短的,九条以上的衣服。在三衣中,这可说是大礼服,凡是乞食、说法、入王宫、授戒等,都要穿这样的法衣。
(二)"剃除须发",有的连眉毛也剃去了。(三)"执持应器",梵
语钵多罗,意译为应量器,就是每天执持以乞食、受食的食器。
这三点,形式上已完备了出家的形相。但是这一类比丘,只是在
生活——衣食等习惯上学习得有个样子,而另一面,"便成就不
净身业",如杀、盗、淫,或杀、盗、淫的方便罪;成就"不净口业",
如大小妄语、恶骂等;成就"不净意业",如见解僻谬,心在俗事
上转。这一类沙门,"不善"守"护"自"身",为"悭"吝、"嫉"妒、
"懈怠"放逸等烦恼所使,所以"破戒为恶"。三业都不清净,只
是形仪服装上像沙门而已,所以"名形服沙门"。

庚二　威仪欺诳沙门

**何谓威仪欺诳沙门? 有一沙门,具足沙门身四威仪,行立坐
卧,一心安详;断诸美味,修四圣种;远离众会,出家愦闹之
众;言语柔软。行如是法,皆为欺诳,不为善净,而于空法有
所见得;于无得法生恐畏心,如临深想;于空论比丘生怨贼
想:是名威仪欺诳沙门。**

　　二、"威仪欺诳沙门":"有一"类出家的"沙门",不但是形
服具足,而且在事相上,可说是典型的持戒比丘。(一)威仪方
面,"具足沙门身四威仪——行立坐卧"。身体的一切举动,不
敢疏忽,都"一心"正念,举措"安详",做到四威仪的一切如法。
例如坐,怎样坐法? 在僧众中,坐在哪里? 到白衣家去,可不可
以坐? 可以,又坐在哪里? 什么地方,什么人,不能与他共坐?
坐时的身体姿态、衣服整齐、器物安放,要一一如法。说起来,真

不简单！如不是一心正念,怎能处处如法?(二)生活方面,"断诸美味",专吃粗恶的,聊以维持身命。常时"修四圣种":常乞食,粪扫衣,树下坐,乐断。总之,对于生活受用,采取最清苦的生活。(三)环境方面,过着孤独静处的生活,"远离"一切大"众会"集。不但不参与白衣的集会,也远离"出家愦闹"的大"众"共住。因为众多比丘在一起,总免不了僧事等烦杂。(四)待人接物方面,见了出家众或在家人来,总是一团慈和气象,"言语"温"柔"和"软",使人觉得慈蔼可亲。这样的沙门,在形仪上,是没有可说的了。但形式为实质而存在,如没有实质,或更违反实质,那形式有什么用呢? 所以严持比丘戒律,也不一定能成就解脱善根。这一类比丘,受持严格的戒律,但专重事相,不重胜义,所以精进修"行如是法"门,"皆为欺诳"——在虚诳妄取事上着力,"不为"内心的"善净";不是为了从内心的善净,而进向胜义的善净。专在取相事上用功,这才反"而于空法"——一切法毕竟空,"有所"执"见",以为有法可"得"。这样,他对"于无得"的空"法","生恐畏心",厌恶心,"如临深"渊一样的"想"法,怕因空而丧失身命。从前,"五百部闻毕竟空,如刀伤心",就是这类人。既重事轻理,爱有恶空,于毕竟空法门生恐畏心,"于"阐扬弘通一切法"空论"的"比丘",也"生怨"家、盗"贼"一样的"想"法,恨他破坏佛法,不愿相见,甚至呵骂迫害空论比丘。文殊师利菩萨本生,喜根比丘的故事,可为例证。这仅有沙门的威仪,而违害沙门的实质。看来样样如法,其实一无是处!"是名威仪欺诳沙门",欺诳是虚妄无实的意思。

庚三　名闻沙门

何谓名闻沙门？有一沙门，以现因缘而行持戒，欲令人知；自力读诵，欲令他人知为多闻；自力独处，在于闲静，欲令人知为阿练若，少欲知足，行远离行。但为人知，不以厌离，不为善寂，不为得道，不为沙门婆罗门果，不为涅槃：是为名闻沙门。

　　三、贪求"名闻沙门"："有一"类出家的"沙门"，他的出家修学，都是为了"现"生"因缘"——为现生的受人尊敬，生活安乐。为了达成现生的利乐，所以自愿自发地修"行持戒"，非常严净。但目的为了"欲令人知"道他持戒；唯有使人知道，才会称誉他，钦佩他，以他为师范，达到现生利乐的目的。不但持戒，他还以"自力读诵"，精研三藏，对佛法有广博的知识；但目的还是"令他人知"道他是一位"多闻"比丘。他又"自力独处"山林，住"在""闲静"的所在，目的也是"欲令人知"道他"为阿练若"比丘，是一位"少欲知足，行远离行"的修行人。持戒、多闻（慧）、修远离行，一切"但为"他"人知"道，而"不以厌离"心来修学；"不为"心离戏论的"善寂"；"不为得道"（觉悟）；"不为"证得"沙门、婆罗门果"——出离清净的究竟果；"不为涅槃"的究竟解脱。精进的修行，一切为了现生因缘，贪求他人的尊敬，这就"是为名闻沙门"。

庚四　实行沙门

复次，迦叶！何谓实行沙门？有一沙门，不贪身命，何况利养！闻诸法空无相无愿，心达随顺，如所说行。不为涅槃而

修梵行,何况三界！尚不乐起空无我见,何况我见众生人见！离依止法,而求解脱一切烦恼;见一切诸法本来无垢,毕竟清净,而自依止亦不依他。以正法身,尚不见佛,何况形色！以空远离,尚不见法,何况贪著音声言说！以无为法,尚不见僧,何况当见有和合众！而于诸法无所断除,无所修行,不住生死,不著涅槃。知一切法本来寂灭,不见有缚,不求解脱:是名实行沙门。

　　四、"实行沙门":实,是真实、胜义;实行沙门,是为胜义而修行的沙门,勿以为是一般的实行。四种沙门中,形服沙门,不消说是不对的。威仪欺诳沙门,也许自以为修行,严持戒律,以为这才能解脱。但拘泥律行,在虚诳妄取中取相修行,并不是佛说比丘应持戒的意趣所在。如四圣种,比丘是应受的。但佛没有说,非乞食、粪扫衣、树下坐不可;更没有说不能吃精美的饮食。可见这是取相修行,违反如来的精神,而流于苦行。至于名闻沙门,持戒、多闻、远离,也着实精进修行,应该是事理兼通。但为了贪求人的尊敬供养,只此一念,就违反了修行的根本意趣。所以中间二类沙门,看来是很难得的,但是不足取的。佛教人发心修行、持戒、多闻、远离,一切是为了胜义。那么,真实沙门是怎样的呢?

　　"有一"类出家的"沙门",他们的真实修行,尚且"不贪"著自己的"身命",真的生死置于度外,一心向道,"何况"为了身外的尊敬与"利养"而修行呢！这点,就与名闻沙门不同。他们听"闻诸法"皆"空",空故"无相",无相故"无愿",契入一实相的三解脱门。内"心"能如实地通"达",所以也能"随顺"空法,不起违逆心。信解空法为佛法心髓，所以能"如所说"的空义，修"行"中道正观。这样，与威仪欺诳沙门，是完全不同了！以下，一、约三解脱门，以明深解一切法空而修行者的心境：众生为了愿得三界乐果，二乘为了愿求涅槃，而修行佛法。实行沙门是，信解生死涅槃不二，于涅槃法无知无得，所以"不为"愿求"涅槃而修梵行"——三增上学，"何况"为了愿生"三界"果报而修行呢！不为生死、不为涅槃而修行，是无愿解脱门。虽然信解甚深空义，但知道毕竟空是空也不可得；是"但以假名说"，而不可作实法会的。所以能"不"因爱"乐"空义而"起空无我见"。于空都不起取著，"何况"空无我所对治的，众生妄执的"我见、众生"见、"人见"、寿者见等呢！这是空解脱门。实行沙门，"离依止法，而求解脱一切烦恼"。依止是什么？依止是依著处。有所依就有所著，有所依著就有烦恼取著，也就成为三界生死一切法的依处。因此从离依止中去解脱烦恼。这点，如唯识学者，以阿赖耶识为所知依——一切法的依处，就以阿赖耶为我爱执藏，或称为"烦恼过恶聚"（集处）。中观学者以自性见为依止，也就以此解说佛说的阿赖耶。这都说明了，依处即著处；有所依即不得解脱。那怎样才能离依止呢？就是以中观正"见一切诸法"无自性空；空故不生不灭；不生不灭故"本来无垢"；如虚空性的了无纤尘相可得，"毕竟清净"。这样的离依止法（依中观说，即离自性见；依唯识学，即"解脱应于阿陀那中求"），精勤修行，就是如来临入涅槃，教比丘们"自依止"，法依止，不异依止了。这是本分事，所以说自；佛也不能使你解脱，所以说"不依他"。依此法而修行，自悟自度，不取一切依止相，这是无相解脱门。

二、约三宝，以明深解空法而修行的心境：契入正法（胜义空），所以能成佛，佛是"以正法"为"身"的，名为法身，这是佛的真实。在契入法身毕竟清净中，"尚不见"有"佛"的德相可得，"何况"取著三十二相、八十种好等"形色"为佛呢？这是深见佛而不起佛见。"以空"胜解而身心"远离"，如法修行，"尚不见"有"法"相可得，"何况贪著音声言说"，以经论等文字语言为法呢？文字如指月的指，能引入正法而不就是正法，所以深见法性，不会于法起见。梵语僧伽，意译为众，含有和合的意思。出家弟子，同一法味，所以称僧。真实的僧，是理和同证。在共证的"无为法"中，"尚不见"有和合的"僧"相可得，"何况当见有"六"和合众"（戒和、见和、利和、身和、语和、意和），而取著事相的僧呢？这是不起僧见。这三者，是深体一性三宝，而不在事相上（化法三宝、住持三宝）取著。

三、约四谛，以明深解空法而修行者的心境："于诸法"中，烦恼与业为集谛，是集起生死苦果的因缘。但在深解法空性中，烦恼与业，本自空寂不生，所以于集谛"无所断除"——集不可得。断集，是要修正道——八正道、三十七品等。但通达一切法空，道也是性空，所以都"无所修行"——道不可得。修道，断集，就能断生死，生死是苦谛。但实行沙门，通达生死本空，所以处生死而"不住生死"——苦不可得。离生死以证涅槃，为灭谛。达法性空，即悟"本来寂静，自性涅槃"。不离一切法，不得一切法，所以"不著涅槃"，或称之为无住涅槃——灭不可得。从中道正观以观四谛，都无所取著，即四谛不二——实谛。

三解脱门、三宝、四谛，为声闻道的要门。如为胜义而修行，与一切法空性相应而修行，就一切都无所取著。这样的深见，与法相应，"知一切法本来寂灭"，也就"不见有缚"——能缚、所缚、缚法，"不求解脱"。但这样的不见有缚而系缚自解，不求解脱而真得解脱，"是名实行沙门"，是佛教授教诫的意趣所在，为一切沙门的真正师范！

己三　结劝

庚一　应住实行

如是迦叶！汝等当习实行沙门法，莫为名字所坏。迦叶！譬如贫穷贱人，假富贵名，于意云何？称此名不？""不也，世尊！""如是迦叶！但名沙门婆罗门，而无沙门婆罗门实功德行，亦如贫人为名所坏。

如来开示沙门的善学不善学，当然是希望出家弟子能以实行沙门为轨范，所以又说这结劝一科。如来先劝大众学习实行沙门：如上面所说那样，"迦叶！汝等当"然要学"习实行沙门法"；切"莫为"前三类的"名字"比丘，也就是有名无实的比丘"所坏"（害）了！佛举一非常有意义的譬喻说："迦叶！譬如贫穷"而又卑"贱"的"人"，却要"假"充"富贵"的"名"称。在你的意见如何？这位贫贱人，能"称此"富贵"名不"（否）？迦叶说："不"称。如来就说：这样，如前三类的出家人，"但名"为"沙门、婆罗门"（婆罗门的意义是净行，佛每以真正出家修证的为婆罗门，这并非指一般的婆罗门而说），"而无沙门、婆罗门"的真"实功德行"，那也犹"如贫人为名所坏"了！贫人到底怎样为名所坏呢？俗谚说："真贫好过，假富难当。"有的经济已艰困不堪，但由于祖父的余风,在衣服、饮食、交际、捐助……还非充富贵不可。经济愈来愈难,无法节约,非彻底破产不可。这就是为名所坏了!出家人,没有沙门、婆罗门的真实功德,还是贤圣僧一样的受人信施、尊敬礼拜,也就要为虚名所坏,"袈裟下失却人身"了!

庚二 勿恃多闻

譬如有人漂没大水,渴乏而死。如是迦叶!有诸沙门,多读诵经而不能止贪恚痴渴,法水漂没,烦恼渴死,堕诸恶道。譬如药师,持药囊行,而自身病不能疗治。多闻之人有烦恼病,亦复如是。虽有多闻,不止烦恼,不能自利。譬如有人服王贵药,不能将适,为药所害。多闻之人,有烦恼病,亦复如是。得好法药,不能修善,自害慧根。迦叶!譬如摩尼宝珠堕不净中,不可复着。如是多闻贪著利养,便不复能利益天人。譬如死人着金璎珞。多闻破戒比丘,被服法衣,受他供养,亦复如是。如长者子剪除爪甲,净自洗浴,涂赤栴檀,着新白衣,头着华鬘,中外相称。如是迦叶!多闻持戒,被服法衣,受他供养,亦复如是。

前三类沙门中,第一类是不必说了。持戒、苦行、头陀、独住,这也说得多了。唯为利名而学教的多闻比丘,上面还少加评责。所以这里专约多闻的假名比丘而劝告大家,勿要以为多闻就可依恃。如来举了一连串的譬喻,来说明这一意思。一、"譬如有人漂没"在"大水"中,却不知道饮水,口"渴"疲"乏而死",这不是愚昧吗?这样,"有诸沙门,多读诵经"典,通一切教义。

佛的经法，是要我们离烦恼的；而上说的多闻比丘，虽读通一切
经，"而不能止"自己的"贪恚痴渴"。虽在经教"法水"中"漂
没"，还是为炽燃的"烦恼"所熏迫，不得法水的滋润而"渴死"。
由于烦恼炽燃，多闻毫无用处，死了多"堕诸恶道"中。二、"譬
如药师"，经常"持"带"药囊"而"行"，随时为人治病。可是"自
身病"了，却"不能疗治"，这不是可笑吗？那些"多闻"的"人"，
而"有烦恼病"，也是同样的可笑！"虽有"佛法的"多闻"，经常
为人说法，却"不止"自己的"烦恼"，"不能"依佛法而得"自
利"。三、"譬如有人，服"了国"王"所赐的名"贵药"品，论理是
应该病好了。但由于他虽服名药，"不能将"养调"适"，饮食等
都不如法，与药力相违反。结果，不但无益，反"为药所害"，病
势增加严重起来。"多闻"的"人，有烦恼病"，也正是这样。
"得"了如来最"好法药，不能"依法"修善"。这样，多闻只是增
长名利，增长烦恼，反而害了"自"己，损"害"自己的"慧根"。
四、"譬如摩尼宝珠"，本是极清净、极神妙的，但不慎而"堕"在
屎尿等"不净中"，也就"不可"再作庄严品，而带"着"在冠上
了。"如是，多闻"比丘，本是极难得的，但一经"贪著利养"，以
利名心说法，也就"不复能利益天"上"人"间了。

　　末后还有譬说，从正反两面来说明。"譬如死人"，臭秽不
堪，即使带"着金"质的"璎珞"，也不能使他严净。这样，"多闻
破戒比丘"，即使"被服法衣，受他供养"，也不能成为清净；不能
自利，不能利他。那应该怎样呢？如来又举喻说："如"世家的
"长者子"，身家清白；再"剪除爪甲"，为洗"净自"身而沐"浴"，
"涂"上"赤栴檀"香；身上再"着新"净的"白衣"；"头"上再带

"着"香丽的"华鬘"。这样的"中外"——表里"相称",才能人
见人爱,受人敬重。"迦叶"!如"多闻"又"持戒"的比丘,再
"被服法衣,受他供养",才是身心清净,表里一致,为人天的福
田,值得尊敬了!

　　这一连五喻,总之是希望多闻比丘,又能持戒,依法修行,成
为可敬的实行沙门。

戊三　持戒善净不善净

己一　不净持戒

**又大迦叶!四种破戒比丘,似善持戒。何谓为四?有一比
丘,具足持戒:大小罪中心常怖畏,所闻戒法皆能履行,身业
清净、口业清净、意业清净、正命清净;而是比丘说有我论,是
初破戒似善持戒。复次,迦叶!有一比丘诵持戒律,随所说
行;身见不灭,是名第二破戒比丘似善持戒。复次,迦叶!有一
比丘具足持戒,取众生相而行慈心;闻一切法本来无生,心大惊
怖,是名第三破戒比丘似善持戒。复次,迦叶!有一比丘具足
修行十二头陀,见有所得,是名第四破戒比丘似善持戒。**

　　再约持戒的善净不善净来说,先说不净持戒。持戒是难得
的,但净见——正知正见,是比净戒更重要的。凡是没有清净知
见的,也就一定是破戒的了。如来说:"大迦叶!有四种破戒比
丘",实际是破戒的,而看起来好"似善"净的"持戒"者。这是持
戒比丘所不可不知的!哪四种呢?一、"有一"类"比丘",能"具
足"受"持戒"法。对于有所违犯的"大"罪,如波罗夷、僧伽婆尸
沙等;"小"罪,如突吉罗等,在这大小一切"罪中",都如临深渊,

如履薄冰，"心常"怀有"怖畏"，生怕犯罪而堕落。所以对"所闻戒法"，都"能履行"，能做到"身业清净、口业清净、意业清净"，经济生活的"正命清净"。那可说是很难得的了！但是这类"比丘"，宣"说有我论"。主张在生死轮回、系缚解脱中，有一生命主体，叫做真我、大我、不可说我等。由于宣说有我，与佛说的无我正见相违。这"是初"一类"破戒"而"似善持戒"的。这为什么称为破戒呢？依佛法说："依法摄僧"，"依法制戒"：戒是为了令人随顺正法，趣入正法，与正法相应而安立的。如思想、主见，根本违反了空无我性的正法，那一切都与法相违，也就不成其为戒了。而且，戒（梵语尸罗）是清凉义。而取我著相，为戏论分别根源，一切烦恼炽燃所依止。如来说依戒而定而慧而解脱，为如来制戒的根本意趣。从这一根本立场来说，有我论者所持的净戒，不能依此而解脱，不能依此而得清凉，所以也就是违犯如来的清净戒了。

　　二、"迦叶！有一"类"比丘"，能"诵持戒律"，熟悉律部的开遮持犯，"随"律典"所说"而实"行"。这是持律的律师了，比上一类比丘更难得！而且，他也不宣说有我论。可是内心的"身见——（我见）不灭"，一切还是以自我为中心：我能持戒，我能清净持戒，我是怎样，我要怎样。这样的比丘，即使不说有我，而思想行为一切依我见而行，"是名第二"类"破戒比丘似善持戒"。

　　三、"有一"类"比丘"，不但"具足持戒"，而且慈心广大，不止如上的自利了。但同样的有我相、人相、众生相，"取众生相而行慈心"，是凡夫的"众生缘慈"。由于取著我、人、众生相，所以"闻一切法本来无生",无我相可得,无法相可得,就会"心大惊怖",以为非佛所说,而进行诽毁甚深法义。像这类比丘,"是名第三"类"破戒比丘似善持戒"。

四、还"有一"类"比丘",持戒精严,能"具足修行十二头陀"法。头陀是梵语,是抖擞的意义,这是过着极端刻苦生活的称呼。十二头陀行中,衣着方面有二:但三衣、粪扫衣。饮食方面有四:常乞食、不余食、一坐食、节量食。住处方面有五:住阿兰若、冢间坐、树下坐、露地坐、随地坐。睡眠方面有一:即常坐不卧。这样的苦行头陀,而心中"见有所得",以为有法可得,实有法性可证,违反了性空不可得的正法。这样,"是名第四"类"破戒比丘似善持戒"。

从这四类来说,凡是取相、著有、执我、立我的,他们的知见,与世俗甚至与外道一致的,那不管他怎样持戒,也就是破戒,违反如来戒法的真义!

己二　善净持戒

庚一　长行

复次,迦叶!善持戒者,无我无我所,无作无非作,无有所作亦无作者,无行无非行,无色无名,无相无非相,无灭无非灭,无取无舍,无可取无可弃;无众生无众生名,无心无心名,无世间无非世间,无依止无非依止;不以戒自高,不下他戒,亦不忆想分别此戒,是名诸圣所持戒行,无漏不系,不受三界,远离一切诸依止法。"

不善净持戒的四类破戒比丘,已如上说;那怎样才是善巧的、清净的持戒呢？说明这点，如来又对"迦叶"说：真实的"善持戒者"，一定是"无我无我所"的；这是标要。从离执一边说，没有我见我所见（也就没有我爱我所爱等）。从契入正法说，是通达"无我无我所"，也就是我空法空性的。这才是善净持戒，否则执我执我所，与正法不相应，就是前面所说的破戒比丘了。本着这样的净戒立场，所以说"无作无非作"。依世俗说，戒是善净的表业——动作而有所表示的，与无表业——无所表见的。表与无表，旧译为作与无（非）作。在这法性本空的正觉中，没有法是作的；作都不可得，更无所谓非作了。由于作不可得，所以"无有所作"的戒，也"无"受戒持戒的"作者"。没有能作者与所作法，也就"无行无非行"了。行是迁流造作的意思。广义为一切有为法；要略为以思心所为主的身口意行。什么是戒？有的说是表无表色，有的说是名所摄的思。也可说：身口业是色，意业是名。然从上面无作无行来说，当然也"无色无名"。这样，"无相"可以表示；相都不可得，更"无非相"可得了。以毗尼来说，毗尼的意义是灭，灭一切不如法的罪恶过失。但在我法空性中，一切法本来不生，也就"无"法可"灭"。灭尚且不可得，自"无"所谓"非灭"了。由于正觉法性，"无取无舍"，所以"无"某些法而"可取"可持；也"无"某些法而"可弃"可舍。——上来约正觉以观戒法。

　　戒是世界悉檀。每一类戒，每一条戒，每一项规章制度，都是与人地、心物有关。约人来说，或是对社会，或是对教团，男女老少，都离不了人；广义即离不了众生。在真实的净戒中，"无众生"可得，众生只是假名，其实假名也是不可得的，所以又说

"无众生名"。这正如《般若经》所说：菩萨不可得，菩萨名字也不可得。戒是依内心而动发于外的：但在真实戒中，超越意识的卜度，所以"无心"也"无心名"。戒是世间法，不离地域性，而真实戒不属于地域性，所以"无世间"；但这并非说遗世独存，所以又"无非世间"。戒为学佛者所依止，如佛的依正法而住一样。但这是"无依止"相可得，也"无非依止"。如著于依止或无依止，即乖失佛意。——上来约正觉以观戒所关涉的事件。

这样，真善净戒的，一切如法，清净不染，决"不以"持"戒"而"自高"傲的；不自高，也就"不"会以低"下"来看"他"人的"戒"行。不嫌恶他人的不清净，有违犯，以平等舍心而住。这如《般若经》说："尸罗波罗蜜，持犯不可得故。"不著持犯相，不起高下见，也"不忆想分别此戒"，以为如何如何。这样的善持戒，是什么戒？"是名诸圣"——声闻、缘觉、佛"所持"的"戒行"。这是最胜妙的，如佛在菩提树下，正觉法性而成佛，即名为"自然戒"、"上善戒"。一念般若现前，自然的心地清净，无往而不自得，所作没有不合于法的。这样与圣道相应的戒，就是一般所说的道共戒。这是不与漏相应的"无漏"；不为烦恼所缚的"不系"；"不受三界"生死果报；"远离一切诸依止法"，如不再爱乐欣喜阿赖耶，不著于一切。这样的戒，才是善净的持戒，才是如来戒学的究极意义。

庚二　偈颂

尔时，世尊欲明了此义，而说偈言："清净持戒者，无垢无所有；持戒无恂慢，亦无所依止；持戒无愚痴，亦无有诸缚；持戒无尘污，亦无有违失。持戒心善软，毕竟常寂灭，远离于一切,忆想之分别,解脱诸动念,是净持佛戒。不贪惜身命,不用诸有生,修习于正行,安住正道中,是名为佛法,真实净持戒。持戒不染世,亦不依世法。逮得智慧明,无暗无所有,无我无彼想,已知见诸相,是名为佛法,真实净持戒。无此无彼岸,亦无有中间,于无此彼中,亦无有所著;无缚无诸漏,亦无有欺诳,是名为佛法,真实净持戒。心不著名色,不生我我所,是名为安住,真实净持戒。虽行持诸戒,其心不自高,亦不以为上,过戒求圣道,是名为真实,清净持戒相。不以戒为最,亦不贵三昧,过此二事已,修习于智慧,空寂无所有,诸圣贤之性,是清净持戒,诸佛所称赞。心解脱身见,除灭我我所,信解于诸佛,所行空寂法,如是持圣戒,则为无有比。依戒得三昧,三昧能修慧,依因所修慧,逮得于净智,已得净智者,具足清净戒。”

说了上面清净持戒,那“时世尊”为了要显示“明了此”清净持戒的深“义”,所以又重“说偈言”。偈,即伽陀,为印度文学中的诗歌体。凡经中先长行直说,又以偈重说,使意义更显了的,称为重颂,属于十二部经的祇夜。佛在这里所说的重颂,都是显了清净持戒,凡九节,可分二段。

第一段,直据持戒以明清净:一、如来所说的“清净持戒”,到底是怎样的呢?“无垢”污杂染,清净得都“无所有”。这样的了无纤毫可得的清净“持戒”,“无憍慢”心,不会以自己能持戒或有功德而起憍慢的;心也“无所依止”,不会落入任何窠臼。这样的清净“持戒,无”烦恼根本的“愚痴”——无明,也“无有”依无明而起的“诸缚”,烦恼都是系缚。持戒非常清净,不但不犯罪，也"无"少少"尘污"的沾染；对僧众的规制，也"无有违失"。这样的"持戒，心善"调伏柔"软"，能成法器。安住于"毕竟常寂灭"中，能"远离于一切"的"忆想""分别"。心不为戏论所动，所以能"解脱诸动念"。经上说："动即为魔缚，不动为法印。"这样的离念安住毕竟寂灭，才"是"清"净持佛戒"者。二、清净持戒的，"不贪惜"自己的"身命"，一心为道，不会因爱著自己而作种种非法，这约不贪爱现身说。"不用诸有生"，约不贪爱未来说。有是欲、色、无色三有，生是胎、卵、湿、化四生。众生的造作，凡夫的持戒，都是为了未来的果报——有生。清净持戒，是不为这些生死法的。唯"修习于正行"——八正道行，不向生死，而住心寂灭。不著现未身命，一心"安住正道中"的，"是名为佛法，真实净持戒"。三、清净"持戒，不染"著"世"间生死，也"不依"如幻错乱的"世法"。不染不依，"得智慧"的光"明"，自然"无"愚痴黑"暗"。"无所有"相——无法相；又"无我"相，"无彼"相——无人相。人相与法相都不可得，"已知见诸"法的真"相"，如说："一相无相，所谓实相。"这样，"是名为佛法，真实净持戒"。四、戒为波罗蜜，能登彼岸。但在清净持戒的，"无"生死的"此"岸可著，也"无"涅槃"彼岸"可住。在生死与涅槃，彼此二岸的中间，或以烦恼为中流，或以戒等道为中流。既不著生死，不住涅槃，也"无有中间"可住。这样的两边不著，中道不留，所以说"于无此彼中（间），亦无有所著"。心地清净，"无"种种系"缚"，"无诸漏"——欲漏、有漏、无明漏。心无烦恼，正见一切而"无有"虚妄"欺诳"的乱相，"是名为佛法，真实净持戒"。五、清净持戒的，"心不著名色"，即不著精神与物质的一切境相;内心又"不生我我所"执见。这样的不著境相,不起执见,也就是总结上来的广说,"是名为安住,真实净持戒"了。

　　第二段,约持戒而进求究竟以明清净。六、清净持戒的,"虽行持诸戒",如比丘、比丘尼戒等,而谦下柔和,"其心不自"以为"高"而起憍慢。也"不以"持戒"为""最""上"的。不以自己的持戒为了不起,不以受持的戒行为究竟,这就能进一步地超"过戒"行而上"求圣道"。宽泛地说,戒定慧都是圣道;彻底地说,唯有无漏慧才是圣道。佛法出世解脱的圣道特质,就在于此。如清净持戒而又能进求圣慧道的,"是名为真实清净持戒"者的德"相"。七、持净戒的,不但"不以戒为最"上,也"不贵"重"三昧"。三昧是梵语,意译等持,即正定。戒是世界悉檀,定是共世间学。如没有中观相应,都只是世间生死法,那有什么可贵呢? 所以,能超"过此"戒定"二事",而"修习于智慧"。这不是世俗的事相的智慧,是胜义观慧,以观一切法毕竟"空寂无所有"为法门的。如能证入空寂无所有,那就是三乘"诸圣贤之"圣"性"。能这样,才"是清净持戒",为十方"诸佛所称赞"。八、这样的依戒而修慧,在智慧"心"中,即能"解脱身见"。不为我见所系缚,且更能"除灭我我所"而不起。这样的无我慧,能深彻"信解于诸佛所行"的"空寂法"。这样的"持圣戒","为"一切中最上妙的,"无有比"的了! 九、末了,总贯这一意义说:"依戒"修定,能"得三昧";依"三昧能修"胜义观"慧"。与定相应的,名修所成慧。"依因"此"所修慧",能"逮得于净智"——无漏的圣智。"已得净智"的,能所并寂,才是"具足清净戒"。

　　从如来的重颂来说,如来赞扬道共戒,而确认为应依戒而定,依定而慧,三学的次第增上不可废,但不宜拘守于戒定。这样的圆满清净持戒,显示了戒学与慧学的合一,法毗奈耶不二。这样的戒,才是正法,才是如来所称赞的。

丁二　当机蒙益

说是语时,五百比丘不受诸法,心得解脱。三万二千人远尘离垢,得法眼净。

　　如来宣说真实的声闻法门,这里已告一段落。如来说法,是不会没有益利的,所以再叙述当时声闻学者得益的情形。经典的结集者,叙述当时法会的情形说:如来"说是"——上面这些法"语时",有"五百比丘",当下"不受(取)诸法"。于一切法不再有所取著,而"心得解脱"。经典中,或说"离贪欲故,心得解脱;离无明故,慧得解脱",或简要说"心得解脱",这都指证得声闻究竟的阿罗汉果说。阿罗汉,离见修所断一切烦恼,心得解脱自在,不再为烦恼及世法所拘碍。此外,还有"三万二千人",听了佛的开示,也"远尘离垢"。断除见所断的烦恼(简称三结),名远尘。不起感生死报果的杂染业,名离垢。那时般若现前,与正法——我空法空性相应,名"得法眼净"。法是正法;法眼是证觉正法的智慧眼。法眼契证正法,不与染惑相应,法性清净,智慧清净,所以叫法眼净。声闻乘所说的法眼,与大乘所说(五眼之一)的法眼,多少不同,反而与慧眼相合。得法眼,约证得声闻初果——须陀洹果说。总之,在当时的听众中,五百位出家比丘众,已证果的圣者,得了阿罗汉。还有在家或出家,没有证悟的三万二千人,也证得了初果。在家、出家,初学、久学,都随机而得法益。

丙二　巧说

丁一　钝根退席

五百比丘闻是深法，心不信解，不能通达，从坐起去。

以下为"巧说"大科。一般的正常说法，那些自以为然的小乘学者，不能得益。所以如来又别出方便善巧，来引导教化他们。先叙说钝根的退席，如法华会上的五百位增上慢人一样。当时，有"五百比丘，闻是"——上面所说的甚"深法"义，"心不信解，不能通达"。既不能因信顺而起解，更不能深切地悟入，这当然对如来所说的法门，不得法味而兴趣索然。听又听不进去，坐着也无意义，所以就"从坐"位上"起"来，离开如来与法会而"去"了。

丁二　退席因缘

戊一　迦叶说

尔时，大迦叶白佛言："世尊！是五百比丘，皆得禅定，不能信解入深法故，从坐起去。"

佛法难闻，这些比丘是应该知道的，怎么会在法会中间离去呢？大众也许会觉得希奇，所以由本经的当机者——大迦叶出来说起，经如来开示以说明他们的退席因缘。那"时，大迦叶"出来启"白佛"说："世尊！是五百比丘"，是一向重禅的，都修"得禅定"。禅，是梵语禅那的简译，意译为静虑，是安静中思虑，思虑而又安静的定。定是三昧，为心住一境的通称。禅也是

定,但别指初禅到四禅。通别合举,叫禅定。大迦叶说他们得禅
定,是重定的根机。不但"坐禅岂能作佛",修禅也岂能解脱!
重定而忽略慧学的根机,难怪他"不能信解"契"入深法",就"从
坐起"而"去"。这是大迦叶说他们退席,也就指示退席的问题
所在。

戊二　如来说

己一　现缘

**佛语迦叶:"是诸比丘,皆增上慢,闻是清净无漏戒相,不能信
解,不能通达。佛所说偈,其义甚深。所以者何? 诸佛菩提
极甚深故。若不厚种善根,恶知识所守,信解力少,难得
信受。**

如来因大迦叶说起,所以作进一步的说明。先说他们退席
的现在因缘:"佛"告"迦叶":这五百位"比丘,皆"是"增上慢"
人,增上慢是未得谓得。他们修禅,以为禅是怎样的深妙。有的
修得初禅,自以为证初果;修得四禅,自以为得四果。自以为有
修有证、究竟成办的增上慢人,佛世也不少。在佛法中,如定慧
不能平衡去修学,那就定心越深,心力越暗昧,也就越不能胜解
深义。所以这些重定而以为有修有证的比丘,"闻是"——上面
所说的"清净无漏戒相"——圣道戒,就"不能信解,不能通达"。
这虽因为他们的根钝,也因为佛法的甚深,所以说:"佛所说"的
真实清净持戒"偈",意"义"是极"甚深"的。这样深的理由何
在呢? 这因为"诸佛"的大"菩提",现证最清净法界,到达"极甚
深"的最深奥处(如《般若经·深奥品》说)。这是最深最妙,非

一切凡愚分别所能信解通达。所以过去"若不"曾"厚种善根"，根钝慧薄；现生又为"恶知识所守"护，那就难于信解了！什么是恶知识？说一切法有相——我相、法相、空相可得，是恶知识。属于恶知识，时常听闻取相法门，习以成性，自然"信解力少"，对佛说的深义，"难得信受"奉行。五百比丘的退席，也是自有因缘，不足深怪了！

己二　叙因

又大迦叶！是五百比丘，过去迦叶佛时为外道弟子，到迦叶佛所，欲求长短。闻佛说法，得少信心而自念言：是佛希有快善妙语！以是善心，命终之后生忉利天。忉利天终，生阎浮提，于我法中而得出家。是诸比丘，深著诸见，闻说深法，不能信解随顺通达。是诸比丘，虽不通达，以闻深法因缘力故，得大利益，不生恶道，当于现身得入涅槃。"

现生的情形，每与过去有关，生命是这样的因果相续，所以又说到他们的宿缘。"又，大迦叶！是五百比丘"，在释迦佛以前，贤劫第三佛"过去迦叶（饮光）佛时"，本"为外道弟子"。他们一起"到迦叶佛所"在，存心"欲求长短"；就是想在佛所说的法中，找些话来批评，说长说短。他们的动机是不纯的，但由于如来的方便善巧，他们"闻佛说法"，觉得很有意义，"得"起微"少信心，而自"己心里想"念"说："是佛"确乎"希有"！说的法门，真是"快善妙语"！虽然属于外道，不曾能彻底悔悟，修学佛法，但就"以是"对佛法的一念的"善心，命终之后，生忉利（三十三）天"，受天国的福乐。等到"忉利天"命"终"，因以前善念的

余力,现"生"南"阎浮提",也就是佛时的印度。"于我"佛"法
中出家",作了比丘。这五百人,得到了过去听闻佛法的善果。
可是由于"是诸比丘",过去作过外道弟子,"深著诸见"——我
我所见、常见断见等。外道都有他自己的邪僻见解,以印度来
说,一是苦行主义,以无义利的禁戒为修行,叫"戒禁取"。一是
修定(瑜伽)主义,以为种种深定,如无所有定、非非想定,能得
涅槃,最上最妙,叫"见取"。安住于外道的见著中,是不容易解
脱的。这五百位比丘,前生作了外道弟子,受到异见的深厚熏
染,所以"闻"迦叶佛"说深法",虽觉得希奇难得,到底"不能信
解随顺通达"。这种外道僻见的等流因果,一直到现在作了佛
弟子,还是偏好禅定,不能信解随顺通达深法,甚至退席而去。
不过听闻了佛法,"一历耳根,万劫不失"。所以五百"比丘虽不
通达",但"以"听"闻深法"义的"因缘力",种下清净法种,还是
"得大利益"。如过去"不生恶道",而生(忉利)天上人间;现在
"当于现身,得"彻底的觉证而"入涅槃"。这些大利益,都从过
去偶闻佛法而来。如文殊师利菩萨,曾因反对甚深法而堕地狱。
但文殊菩萨说:现在想起来,能这样的大智慧,于佛法得大成就,
还是从那一次听闻深法而来。所以,不论懂与不懂,信与不信,
能听闻甚深法义,功德比一切都希有!

丁三　如来巧化

戊一　声闻不能教化

尔时,佛语须菩提言:"汝往将是诸比丘来!"须菩提言:"世
尊! 是人尚不能信佛语,况须菩提耶?"

　　对于这退席的增上慢比丘,如来怎样巧化呢? 先明声闻的不能化,以显出如来教化的胜妙。那"时,佛"告"须菩提"。须菩提是梵语,意译为善现;在声闻法中,称"解空第一"。如来要他去教化说:"汝往"他们那里去,"将是诸比丘"回"来! 须菩提"说:"世尊! 是人尚"且"不能信"受"佛"的"语"言,何"况"我"须菩提"呢? 还会听我的话吗? 在《般若经》中,须菩提为菩萨说般若,真是法门龙象。但只是正常的教化,遇到特殊根机,要运用特出的方便,便没有办法。这可见大乘的善巧,不是小乘圣者可及的!

　　戊二　如来方便调伏

　　己一　现同分身行

佛即化作二比丘,随五百比丘所向道中。

　　如来自己负起了方便教化的责任。"佛即化作二"位"比丘",与他们的身份一模一样。而且跟"随五百比丘所"走"向"的"道"路"中",在他们后面行去。这是如来的同事摄化。你与他一样,同一身份,使他们有亲切共同的感觉,就可以接近他们,谈起话来。否则,身份如相距过远,就难以接近教化了。

　　己二　起同分胜解

　　庚一　方便引发

诸比丘见已,问化比丘:"汝欲那去?"答言:"我等欲去独处修禅定乐。所以者何? 佛所说法,不能信解。"诸比丘言:"长老! 我等闻佛说法,亦不信解,欲至独处修禅定行。"

　　如来不但化现同样的身份——比丘,而且还示现同样的胜解——重禅。化现的二位比丘前进,那"诸比丘见"到了,一见如故。觉得自己离如来的法会,而这二位也离开了,所以"问化比丘:汝欲那"里"去"? 当然还不知道这二位也与自己一样。化比丘就"答"道:"我等欲去"清净的山边林下,"独处"而"修禅定",去体味禅定的现法"乐"。是的,禅定必发轻安,与轻安相应的身心喜乐,的确极为胜妙! 特别是第三禅乐,多少修行人,贪著了禅乐,为定力所拘缚呢! 这二位比丘,还说明他要修禅的"所以"然。因为我俩对于"佛所说法,不能信解";既然听不出什么好处,还是修禅定为妙。说到这里,"诸比丘"就说:"长老(佛世,比丘们相互的尊称)! 我等"还不是那样!"闻佛说法",也"不"能"信解",所以也想到清净处,"独处修禅定行"呢! 这样,不但是身份同,意境也同,竟然是志同道合了!

庚二　真实劝离

时化比丘语诸比丘言:"我等当离自高逆诤心,应求信解佛所说义。所以者何? 无高无诤,是沙门法。所说涅槃名为灭者,为何所灭? 是身之中有我灭耶? 有人、有作、有受、有命而可灭耶?"诸比丘言:"是身之中,无我、无人、无作、无受、无命而可灭者,但以贪欲、嗔、痴灭故名为涅槃。"化比丘言:"汝等贪欲、嗔、痴,为是定相可灭尽耶?"诸比丘言:"贪欲、嗔、痴不在于内,亦不在外,不在中间,离诸忆想,是则不生。"化比丘言:"是故汝等莫作忆想! 若使汝等不起忆想分别法者,即于诸法无染无离;无染无离者,是名寂灭。所有戒品,亦不往

来,亦不灭尽。定品、慧品、解脱品、解脱知见品,亦不往来,
亦不灭尽。以是法故,说为涅槃。是法皆空、远离,亦不可
取。汝等舍离是涅槃想,莫随于想,莫随非想,莫以想舍想,
莫以想观想。若以想舍想者,则为想所缚。汝等不应分别一
切,受想灭定,一切诸法无分别故。若有比丘灭诸受想得灭
定者,则为满足,更无有上。”

那“时”,大家情投意合,边走边谈,如来即开始教化,先要
大家自谦而起反省。“化比丘”对“诸比丘”说:“我等”不能信
受佛说,但不能就此拒绝,自以为然。我们应“当离自高”的憍
慢,与佛说相违“逆”的“净”胜“心”! 佛说的话,可能有他的道
理,我们“应”寻“求信解佛所说”的深“义”。如觉得自己的胜
妙,而不能虚心地探求佛说,那与出家法不相合。为什么呢?
“无高,无净”,谦和柔顺,才“是沙门法”呢! 说到这里,大家开
始平心静气地思惟佛法。

化比丘以大家公认的涅槃为论题,而进一步地引发大家去
正确观察:佛“所说”的,我们所趣求的,不是“涅槃”吗? 这是毫
无疑问的。涅槃的意义是灭,那被“名为灭”的,究竟“何所
灭”——灭些什么而名为灭呢? 在“是身”“中,有我”可“灭”
吗? 还是“有人、有作、有受、有命而可灭”吗? 我、人、作、受
(寿)命,都是自我、生命主体的异名。“诸比丘”从佛出家修学,
习于无我的教说,所以说:“是身”只是色、受、想、行、识五蕴的
和合;此“中”是“无”有“我,无”有“人,无”有“作,无”有“受,
无”有“命而可灭”的。既无我可灭,那为什么称为灭呢? 一分
声闻弟子,坚执地这样说:虽没有我,但法是有的。有烦恼就有

业,有烦恼业就有生死,就不得涅槃。如断却烦恼,即得涅槃寂
灭。这五百比丘,也是这样的见解,所以说:没有我可灭,"但以
贪欲、嗔、痴"——三不善根"灭,故名为涅槃",这就是涅槃的所
以名为灭了。

诸比丘以为有贪、嗔、痴可灭而名为涅槃,所以住定修心,以
定地的烦恼不起为胜妙,病根就在这里了!"化比丘"就此进一
步地发问,让大家反照内观。"汝等"所说的"贪欲、嗔、痴,为
是"有决"定相可灭尽"吗?定相,即自性。这意思说:你们觉得
贪、嗔、痴法,一一有决定性,才说可以灭尽吗?"诸比丘"不但
过去曾听闻深法,现在也听到过,只是不曾深切思惟。现在一经
化比丘的诘责,立刻觉到什么是贪、嗔、痴的定相呢?如贪、嗔、
痴有它的决定自性,那也就有一定的着落。属于外境吗?属于
内心吗?在内心外境的相关中吗?都不是的,所以说"贪欲、
嗔、痴不在于内":如在内,离境相的惑乱,也应可以生起,而其
实不然。也"不在外":如属外境,那就与心无关了!也"不在中
间":中间只是内外相关的假名;不在内,不在外,当然中间也不
可得了。那贪欲、嗔、痴是什么呢?诸比丘引述佛说:烦恼都从
忆想分别而生。这样,如"离诸忆想"分别,"是"贪等就"不
生",这就名为灭了。

诸比丘知道忆想分别为烦恼本,所以要忆想不生,才名为
灭。不知道,烦恼无自性,忆想分别也无自性;只要不起忆想分
别,就无所谓灭不灭了。"化比丘"这样地进一步启导他们:你
们既知道这样,那"汝等"就切"莫作忆想"分别了!"若使汝等
不起忆想分别法",也就是于一切法而不起忆想分别,"即于诸

法无染无离"。没有三不善可得，有什么可染著呢？又有什么可离呢？如"无染无离"，即离一切忆想的戏论，"是名寂灭"，也就是涅槃了。上来约断烦恼说，下约修道说：道是戒、定、慧、解脱、解脱知见——五分法身。从前舍利弗涅槃了，弟子均头沙弥非常悲哀。佛就曾启发他：戒灭尽了吗？……解脱知见灭尽了吗？换句话说：入涅槃，一切功德都没有了吗？现在也同样的，约五分法身来说寂灭。"所有戒品（品就是分）"，也"不往来"，也"不灭尽"。这是说：戒品也是毕竟空的，没有自性，所以不像实有论者那样，以为涅槃以前，从现在往过去，从未来来现在，流转于三世中。入了涅槃，灰身灭智而不可得。然从法性空的第一义来说，戒品本不来不去；本来不生，也不会灭尽。所以不落三世，超越生灭。"定品、慧品、解脱品、解脱知见品"，也这样的"不往来"，"不灭尽。以是法"性寂灭，"故说为涅槃"。"是法"，一切"皆空"，皆"远离"，了无碍著。这样的即空即离，也"不可取"著。如取空，取远离，取涅槃，就不是空、远离，不是真涅槃了。

　　诸比丘著于一切法实有，所以想从禅定求得涅槃。不但以为有烦恼可断，也以为有涅槃可得。上已显示烦恼本空，涅槃也不可得。但对于涅槃，还得激发劝离。所以化比丘又说："汝等"应"舍离是涅槃想"！勿以为涅槃如何如何，这都是忆想分别。此心切"莫随于"忆"想"，忆想是不与涅槃相应的。也"莫随非想"，以为不忆想就得了！以为不忆想，早就是忆想了。切"莫以"忆"想"来"舍"忆"想"；只此舍离一念，就是忆想分别，怎么能离忆想呢？也切"莫以想"来"观想"。以忆想观忆想，是以分别观分别,顺世俗的观行,是不可能引入胜义自证的。"若以想舍想",以想观想,不能脱离忆想的罥索,"为想所缚"而不得解脱。这一段,对于取相修行,世俗假想观,作彻底的评判!

　　然后总结说:你们知道受想灭定是最高胜的,那就"不应"忆想"分别"这"受想灭定"。因为"一切诸法",本"无分别",分别即与法不相应了。"若有比丘",能"灭诸受想得灭定",那就是修行目的的"满足","更无有上"的涅槃了。这里的受想灭定,与一分声闻学者(一分大乘)所说不同。一分声闻学者,以受想为"心行",有了受想,就一定有心。有了受与想,情感的、知识的一切分别,一切苦恼,都无法避免。从厌患受想下手,灭受想即一切心心所法灭而不起,名为灭受想定。这是阿那含(三)果以上的圣者,为了身心的劳累,所以修此以暂灭心心所法,与涅槃相似。但一分学者与大乘法说:灭受想定为净智现前,彻证究竟法性的深定。有受就有取著,有想就有分别;于一切而不起忆想分别,超三界寻思所行境,名为灭受想定。得灭受想定,即安住无所取著的涅槃,究竟无上!

　　丁四　受教得脱

化比丘说是语时,五百比丘不受诸法,心得解脱。来诣佛所,头面礼足,在一面立。

　　"化比丘说是语时,五百比丘"就"不受诸法,心得解脱",得阿罗汉果。如来教化的善巧方便,真是不可思议!这些比丘,本已修得深定;修所断的烦恼,可能几乎已断尽了。所以一经善巧开导,即断尽三界一切见修所断烦恼,得究竟解脱。既证阿罗汉果,也就能于如来所说深法,信解随顺通达;不再偏滞于禅定,所以还"来诣佛所"在。到了,以"头面礼"佛"足",向佛致最敬的接足礼,然后退"在一面",静静地"立"着。这么一来,佛是心心相印,而大众却不免惊疑了!

丙三　密说

丁一　密论自证

尔时,须菩提问诸比丘言:"汝等去至何所?今何从来?"诸比丘言:"佛所说法,无所从来,去无所至。"又问:"谁为汝师?"答言:"我师先来不生,亦无有灭。"又问:"汝等从何闻法?"答言:"无有五阴、十二入、十八界,从是闻法。"又问:"云何闻法?"答言:"不为缚故,不为解脱故。"又问:"汝等习行何法?"答言:"不为得故,不为断故。"又问:"谁调伏汝?"答言:"身无定相,心无所行,是调伏我。"

此下"密说"一科,从文段来说,这是五百比丘回来,须菩提与他们作一连串的问答。他们本着自证的心境而答复,正如中国禅者的作风一样。因他们的密说自证法门,使法会大众得益不少,所以别出此一科,以明正化、巧化以外,还有这密化一途。这一连串问答,可分三段:

一、六番问答,问修学历程:那"时,须菩提"见五百比丘回来了,心里不免希奇,当然大众都有此感。如来曾命须菩提去劝他们回来,自己无能为力而谦辞了。现在他们却自己回来了,这里面定有一番因缘,所以就"问诸比丘":"汝等"离此而"去",是到"何所"在?"今"又"从""何"处"来"?这是想从他们的去处,以了解他们为什么回来。"诸比丘"却本着自证的心境作答:"佛所说"的,一切"法无所从来,去"时也"无所至"。不见一法有来处,不见一法有去处。佛说"不来不去";或说"不来而来,去无所至"。一切本来如此,怎么问我们的来踪去迹呢?须菩提听了,立刻意会到他们有了深彻的契入,这一定从谁听法修学了。所以"又问":那"谁为汝"等的"师"长?比丘们"答"道:说起"我"们的"师"长,那是"先来不生",以后也"无有灭"。这是说:佛弟子以法为师,此外还有什么师呢?法性本来不生灭,我们就这样的依法、顺法而修证罢了!须菩提听懂他们的意思,依正法为师,"又问":那"汝等从何"而"闻法"呢?这是说:你们从什么处悟入?诸比丘"答":"无有五阴"——五阴即五蕴的旧译,色、受、想、行、识为五阴,阴是聚集义。无有"十二入"——入是处的旧译。眼、耳、鼻、舌、身、意六根,为内六入;色、声、香、味、触、法六尘,为外六入。内外六入,为识所因处,所以叫入。无有"十八界",界是类别义。十二处加眼识、耳识、鼻识、舌识、身识、意识,总名十八界,即一一法有十八类别。诸比丘的答意是:无有五阴、十二入、十八界;也就是五阴、十二入、十八界性空不可得,我们"从是"而"闻法"悟入。蕴、界、处三科,为佛对众生的分析,以明我我所不可得。或者又执著蕴、界、处为实有自性,不解性空,所以如来说法,如本经的中道正观,都以观蕴、处、界空为方便;诸比丘也是这样的闻思而悟入。须菩提"又问":你们到底为了什么——为断烦恼吗?为了生死吗?为得解脱吗?为成佛吗?到底为什么去"闻法",观空而悟入呢?诸比丘"答"道:我们"不"是"为"了系"缚",也"不"是"为"了

"解脱"而闻法。这意思说:烦恼本性空寂,本无所缚,怎么为这
系缚的断除而闻法? 解脱也本性空寂,怎么为这解脱的求得而
闻法呢? 这正是"不除妄想不求真"了。须菩提接着"又问":修
证的动机,是已经明白了。但"汝等习行何法"而得入呢? 诸比
丘"答"道:我们所修行的法门是:"不为"了有所"得",也"不
为"了有所"断"。无所得无所断的法门,不是别的,就是般若波
罗蜜。须菩提知道他们已得调伏,如牧牛调马,已驯顺如法,所
以"又问":"谁调伏"了"汝"等呢? 诸比丘"答"道:谁能调伏谁
呢? 只是通达"身无"决"定相","心无所行"——没有所缘虑
的影像。身空心寂,就"是"这样地"调伏"了"我"们。换句话
说:因身空心寂而得调伏。

又问:"何行心得解脱?"答言:"不断无明,不生明故。"又问:
"汝等为谁弟子?"答言:"无得无知者,是彼弟子。"又问:"汝
等已得,几何当入涅槃?"答言:"犹如如来所化入涅槃者,我
等当入。"又问:"汝等已得己利耶?"答言:"自利不可得故。"
又问:"汝等所作已办耶?"答言:"所作不可得故。"又问:"汝
等修梵行耶?"答言:"于三界不行,亦非不行,是我梵行。"又
问:"汝等烦恼尽耶?"答言:"一切诸法毕竟无尽相故。"又问:
"汝等破魔耶?"答言:"阴魔不可得故。"

　　二、八番问答,约究竟解脱作问,须菩提"又问":你们是心
得解脱了;但是以"何行心"——什么心行"得解脱"呢? 以贪心
得解脱,还是以无贪心得解脱? 以嗔行心、痴行心得解脱,还是
离痴心得解脱呢? 这是都不能得解脱的。如说贪心,贪心是烦

恼,怎么能得解脱? 如说离贪心,离贪心就是解脱,怎么能得解
脱? 难道解脱心又得解脱吗(这些,并如中观法门所明)? 比丘
们约明无明作"答":"不断无明",也"不生明"。烦恼本无所
断,般若(明)本来不生;这样的通达,即得解脱。所以非无明心
行,也非明心行。须菩提"又问":究竟解脱的声闻,是依师的
(如中国禅者,即使悟入了,也要求师印证);"汝等"不在佛的法
会中得悟入,那你们是"谁"的"弟子"呢? 诸比丘"答":凡"无
得无知者",我们就"是"他的"弟子"。无得,是无有法而可证
得;无知,是无智为能证。无知无得,即理智一如的圣证。圣者
是理和同证,心心相印,所以谁能无知无得,谁就印证了我们,我
们为他的弟子。须菩提"又问":"汝等"已得究竟解脱,那"几"
时"当入涅槃"呢? 涅槃为毕竟空寂性的现证。入涅槃,声闻法
以为阿罗汉最后死了,不再受生死,而契入毕竟不生的寂灭性。
须菩提以此相问,诸比丘"答"道:"犹如如来所化"的化人"入涅
槃"了,那"我等"也"当入"涅槃。但是,如来的所化,如幻如化,
幻起而无所从来,幻灭而无所至。幻性本空,示现生死而不落生
死,不落三世。这样的化人,有什么涅槃可入? 还有什么时间
呢! 比丘们现证寂灭,达一切如幻如化,就是"涅槃亦复如幻如
化",这有什么定相可问呢? 须菩提"又问":这样,"汝等"是
"已得己利"了! 声闻以自己的生死解脱为己利,须菩提也就这
样地问。诸比丘"答":己利吗? 有自己才可说己利;不见有自
己可得,那有什么己利呢? 所以说"自利不可得"。其实,这才
真能得自利呢! 声闻证究竟果,都以四句话来表示自己的证境:
"我生已尽,梵行已立,所作已办,不受后有。"以下,须菩提就以

其中二句来"问"："汝等所作"的证涅槃事，"已"成"办"了吗？
诸比丘"答"："所作"是"不可得"的。没有所作可得，这才成办
了自己的所作。"又问"："汝等"已"修梵行"吗？上问证灭，此
问修道。诸比丘"答"："于三界"法而"不行"，也"非不行"，这
"是我"们所修的"梵行"。如有行可修，行于三界，那是生死行；
如什么都不行，那也就不成修行，所以非行非不行。须菩提"又
问"："汝等"的"烦恼"，都断"尽"了吗？诸比丘"答"："一切诸
法"空寂，"毕竟无尽"灭"相"可得；烦恼也一切法所摄，怎么可
说尽呢！须菩提"又问"："汝等破魔"了吗？魔是恶者，为生死
法的摄属者。究竟解脱，即不落魔界，所以说破魔。魔有烦恼
魔、阴魔、死魔、天魔四类，这里约五阴魔说。五阴——五蕴为
生死法，众生取著五蕴，从蕴生取，不离生死，所以说五阴为
魔。现在诸比丘"答"道："阴魔"性空"不可得"，就这样地破
了阴魔。

**又问："汝等奉如来耶?"答言："不以身心故。"又问："汝等住
福田耶?"答言："无有住故。"又问："汝等断于生死往来耶?"
答言："无常无断故。"又问："汝等随法行耶?"答言："无碍解
脱故。"又问："汝等究竟当至何所?"答言："随于如来化人
所至。"**

　　三、五番问答，约解脱以后作问：经上来的问答，已表示诸比
丘已确实究竟解脱，所以须菩提"又问：汝等奉如来"吗？奉是
承事供养的意思。佛弟子从佛出家，法恩深极，理应供养承事，
以报世尊的法恩。一切供养中，法供养最上。法供养，是依法修
行，知法证法，契合如来教化的本怀。所以诸比丘"答"道：当然

供奉如来,但这是"不以身心"的。不是以身体供侍如来;也不是心念佛恩,感激不尽。我们是达身心空不可得,是真奉佛。须菩提"又问":"汝等住福田"吗? 阿罗汉,意译为应供——应受世间的供养。阿罗汉身心清净,真能受人的供养,能报施主的恩德。凡布施供养阿罗汉的,得大果报,如像种子种在良田里一样。所以阿罗汉,住福田位,应受世间的供养。诸比丘"答":是的,为众生作福田,是因为心"无有住";如有所住著,就不是福田了。从前禅宗有一故事:有婆子建一草庵,供养一位禅者,已二十年。后经婆子的考验,那禅者还是心有所住,不能佛魔平等,善恶一如。于是放火烧了草庵说:二十年供养了一位光头俗汉。也就是说:心有所住,就不值得供养,不名福田。须菩提"又问":那"汝等"已"断于生死往来",不再受生死了? 诸比丘"答":一切法"无常无断",生死也无常无断。这对世俗来说,既不是常在生死,也不是断尽生死;这有什么往来不往来呢! 这在大乘,即于毕竟空寂中,悲愿内熏,尽未来际而不离生死。如是声闻乘,就于毕竟空寂中,一切戏论永息。须菩提"又问":这样,"汝等"是"随法行"了! 一切依于法,顺于法,与法相应,叫(法)随法行。诸比丘"答":是的! 随法行,不是随什么,不随什么。法——正法性无在无不在,所以于一切"无碍"而得"解脱",是随法行。无碍解脱,也就是不思议解脱,——无非解脱门。须菩提最后"又问":"汝等究竟至何所"在呢? 也就是问究竟的归趣。现在是解脱了,无所谓了生死不了生死,无所往而不解脱。难道就这样下去吗? 随世间法说,总该有一究竟的归趣。诸比丘"答":究竟的归趣,当然是涅槃了。但涅槃如幻如化,毕竟空寂,实没有能入所入、能到所到可说。如一定要问究竟,那我们是"随于如来"所化的"化人";化人"所至"处,也就是我们所到达处。而化人实无所至,那我们也无所谓究竟到达处了。这五百位比丘,是如来化人所教化的,所以在问答深义中,也就当地风光,以化人为喻。

丁二　时众开解

须菩提问诸比丘时,有五百比丘不受诸法,心得解脱。三万二千人,远尘离垢,得法眼净。

"须菩提问诸比丘",诸比丘一一以自证的境地作答,这等于隐密地在宣说甚深法门。所以那"时"就"有五百比丘,不受诸法,心得解脱",证阿罗汉果。还有"三万二千"出家或在家"人",听了也"远尘离垢,得法眼净",证得了初果。从这些看来,须菩提起初不愿劝化诸比丘,这时又与诸比丘问答,实是在如来教化中,担负一种助佛扬化的责任。如真以为须菩提不能不知,就误会了!

甲三　流通分

乙一　问答修学

丙一　普明问

尔时,会中有普明菩萨白佛言:"世尊! 菩萨欲学是宝积经者,当云何住? 当云何学?"

流通分有问答修学,时众奉行二科。由普明菩萨发起,所以本经又称普明菩萨会。普明菩萨的问答,是重要的! 但在全经中,只是流通部分;所以以普明菩萨为经名,不大恰当。本经异译《遗日摩尼宝经》,流通分非常简单,没有本经流通部分。《摩诃衍宝严经》与世亲菩萨造论所依的《宝积经》本,也与本经不同。流通分由须菩提起问,如来宣说持经功德及身口意各十种清净。唯赵宋译的《大迦叶问大宝积正法经》流通部分,是综合了《宝严经》(世亲所依经本)及本经,也说是普明菩萨问的。这可见本经的流通分,梵本多有不同。因此,以普明菩萨为经名,越觉得不妥当了!

在那"时",法"会中有"名为"普明(以慧光普照得名)菩萨"的,出来启"白佛"说:"世尊"! 如"菩萨欲学是宝积经"——如来上面所说的宝积法门,应"当"怎样的安"住"? 应"当"怎样的修"学"? 普明菩萨所提出的住,是心住于正法,与正法相应而不动;学,是种种修行。《金刚经》以住、行、降伏其心——三句来启问;本经以住、学来启问。据如来的开示来说,如来是综合地答复:应这样的住心而修学。这是菩萨的修学法,所以在这流通分中,清楚地显出了大乘学者的面目。这所以在本经中,虽属流通,也是非常的重要。

丙二　如来答

丁一　不住相学

佛言:"菩萨学是经,所说皆无定相而不可取,亦不可著。随是行者,有大利益。

如来开示修学的方法有四,一、不住相学:"佛"说:"菩萨学是"宝积"经",应该是这样的。对如来上面"所说"的一切,能信解"皆无定相"，如幻如化"而不可取"的；不可取，也就"不可著"。取是持取，著是坚持不舍。但这不是说，可取而不要取，可著而不要著，是说本没有可取可著的。如梦中的忽贪忽嗔，觉得不应起贪嗔，因为并没有可贪可嗔的真实存在。如菩萨能"随"顺这不取不著相而修"行"，那就"有大利益"。不但能得己利，而且自他两利，福慧具足。

丁二　大精进学

普明！譬如有乘坏船，欲渡恒河，以何精进乘此船渡?"答言：
"世尊！以大精进乃可得渡。所以者何？恐中坏故。"佛告：
"普明！菩萨亦尔，欲修佛法，当勤精进，倍复过是。所以者
何？是身无常，无有决定，坏败之相，不得久住，终归磨灭；未
得法利，恐中坏故。

　　二、大精进学：佛告"普明：譬如有"的"乘"了一艘"坏
船"——虽已造成船形，但还没制造完密。乘这样的船，想"渡"
过极宽阔而水流又急的"恒河"，你想，这应"以何"等的"精进"
努力，来"乘此船"而横"渡"呢？普明菩萨"答"道：这是要"以"
极"大精进"，才"可"能"得渡"。为什么呢？因为船质太差，河
面太阔，"恐"怕船到"中"流，来不及渡河，船就"坏"了！"佛告
普明"菩萨说：菩萨也应该这样的"修"学"佛法"——如上所说
的宝积法门。应"当勤"勉"精进"，比起乘坏船渡恒河，要加
"倍"地超"过"渡河的精进才行。为什么菩萨应有更大的精进？
大宝积法门如恒河那样的广大，本不是一下就能学成了的。而
菩萨的身体，也许比坏船更不如呢！佛说："是身无常"，在息息

生灭中，"无有""定"相可得。身体不断地变化，什么时候死，全没有一定。所以身体的"坏败"——变异"相"，是必然如此的；怎么也"不得久住，终归磨灭"。人生必有一死，只是迟早而已。所以在修学宝积法门时，"未得法利"——信解通达悟入正法的利益；有谁能保证，到几岁一定能悟入呢！这个身体是必坏的，却又不知什么时候要坏。如不趁早努力修学，忽而因病死了，要修也来不及了，岂非可惜！所以死称死魔，为障道的一大因缘。那么，如修学而未得法益，不应该特别精进以求悟入吗？因为正像船到中流，"恐"怕这身体在修学"中"间忽然"坏"了。

这是现身急于求得法利的精进；古代中国禅师，很有这种精神。有的怕现身不能成办，所以佛开净土——弥陀净土、药师净土、弥勒净土等法门，以确保来生的见佛闻法，成就大乘信心的不退。也有深信因果，虽说死了可惜，而到底善根深植，所学不虚，未来一定能以此而得入，所以只是尽力修学去。

丁三　为众生学

我在大流，为度众生断于四流故，当习法船；乘此法船，往来生死度脱众生。云何菩萨所习法船？谓平等心，一切众生为船因缘；习无量福，以为牢厚清净戒板；行施及果以为庄严；净心佛道为诸材木；一切福德以为具足坚固系缚；忍辱柔软忆念为钉；诸菩提分坚强精进，最上妙善法林中出；不可思议无量禅定，福德业成善寂调心，以为师匠；毕竟不坏大悲所摄，以四摄法广度致远；以智慧力防诸怨贼；善方便力，种种合集四大梵行以为端严；四正念处为金楼观；四正勤行、四如意足以为疾风;五根善察,离诸曲恶;五力强浮;七觉觉悟,能破魔贼;入八真正道,随意到岸,离外道济;止为调御;观为利益;不著二边,有因缘法以为安隐。大乘广博无尽辩才,广布名闻,能济十方一切众生,而自唱言:来上法船,从安隐道,至于涅槃,度身见岸,至佛道岸,离一切见。如是普明! 菩萨摩诃萨应当修习如是法船,以是法船,无量百千万亿阿僧祇劫,在生死中度脱漂没长流众生。"

　　三、为众生学:菩萨的修学佛法,是为了众生。要利益众生,就必须自己修治悟入。所以菩萨是为了利他而自利,从利他中完成自利。如专为了自己这样那样,就不是菩萨风格,而是声闻了。如来开示这一重要的学习法说:菩萨应这样想:"我在"生死"大流"中,为了要"度"脱生死"众生",使他们"断于四流"——欲流、有流、见流、无明流。众生为烦恼而漂流生死,如在瀑流的漂荡、洄漩中,不能自脱一样。所以度脱生死河中的众生,主要为断众生的烦恼;烦恼如瀑流一样,所以叫四瀑流。要度生死瀑流中的众生,应"当"修"习"佛法;而这一切佛法,如能在河流中往来的船只一样,所以譬喻为"法船"。学习佛法而有所成就,如有了法船一样,可以"乘此法船,往来生死"河流。自己依法船而不致陷溺,也就能在生死河中"度脱众生"。这样的佛法船,自度度他,是菩萨所应励力修学的。那到底什么是"菩萨所习"学的"法船"呢? 这当然是一切佛法。以法为船,所以就以种种佛法功德,来比喻船只所有的一切。

　　先举一一的譬喻:(一)修"平等心",救护"一切众生"。这一切众生,"为"成就法船的"因缘"。因缘不具足,造船不能成就。佛法依众生而起，没有众生，也就没有佛法。所以于一切众生的平等心，为法船的因缘。（二）修"习无量福"德，主要是清净戒行。有了清净戒，那就人间天上，不会堕落。否则自己沦坠恶道，还想救众生吗？这无量福德，"为牢"固坚"厚"的——"清净戒"行，如船"板"一样，牢固坚厚，不会沉没。（三）修"行"布"施及"布施的"果"报，在人天中，受种种的富乐自在。就"以"此"为"法船的"庄严"，庄严即精美的装饰，富丽堂皇。（四）"净心佛道"——于佛菩提而生清净信心（菩提心），"为"成就法船的"诸材木"。这是造作大船的主材，如房屋有栋梁一样。（五）除上布施、持戒、净信以外，广修其他的"一切福德"。这一切福德，"以为"法船所有的，"具足"而"坚固"的"系缚"。什么是系缚？如船只要有足够而坚固的缆索，才可以牢系上岸。（六）修"忍辱"、心性"柔软"，不失正"忆念"。这样的柔忍而摄受众生，正念而不忘佛道，"为"法船的"钉"子，紧密地结合而不致破散。（七）"诸菩提分"，是成就菩提的因素；这都从"坚强精进"中修习成就。这些菩提分法，如造成法船的一切材木；从精进中来，所以是从"最上妙善"的"法林中出"来。（八）、修"不可思议"的"无量禅定"：无量是四无量，禅是四禅，定是四无色定，合为十二门禅。以"福德业"所"成"就的这些极"善"静"寂"，极善"调"伏的定"心"，"以为"造成法船的工"师匠"人。工师的审慎精制，如以定心而成就一切功德。（九）法船是尽未来际的广度众生，这是由于"毕竟不坏"——不变异的"大悲"心"所摄"受。依大悲心，而以布施、爱语、利行、同事——"四摄法"来摄导众生。悲心是这样的深彻坚固，四摄是这样的方便摄受，所以法船能"广度"众生，"致远"——到达极远的目的地。广度是化众生;致远是成佛道。(十)在法船的往来生死中，"以智慧力"觉照一切，这才能"防"护"诸怨贼"，不为魔外烦恼所坏。(十一)从智慧所起的"善方便力"，能"种种合集四大梵行"。四梵行是:慈无量，令一切众生得乐;悲无量，令一切众生脱苦;喜无量，见众生的得福乐而随喜;舍无量，于一切众生住平等舍。这方便所起的梵行，"以为"法船的大庄"严"。(十二)"四正念处":身念处、受念处、心念处、法念处，"为"法船上的"金楼观"。什么是金楼观? 在船的上层高处，建一金属的楼台，以便瞭望海中的一切。四念处观一切法不净、苦、无常、无我，如金楼观一样。(十三)"四正勤行、四如意足"，是精进力、定通力，能推进大乘法船，往来生死海，救度众生，所以如推动船帆的"疾风"一样。(十四)"五根"，是信、进、念、定、慧，以慧根为主。所以能"善"巧观"察"法船所行的航道，远"离诸"险"曲"的"恶"道，而平安地前进。(十五)"五力"呢，那是"强"大的"浮"力，能载重而不致沉没。(十六)"七觉"分能"觉悟"大众的昏迷，所以"能破魔贼"。如船在海中，能随时觉察，就不会为海盗等侵袭。(十七)八正道，如八条正确的航线。法船进"入八真正道"，就能"随意到"达涅槃彼"岸"，安稳地上岸游乐，不会误入歧途，所以能"离外道济"。济是津济，也就是渡头、码头。外道渡头，即外道教化到达的地方。(十八)止与观，为修行的主要法门。在大乘法船中，以修"止为调御"，即驾驶者。一心一意的驾驶，如制心一处的止。又以修"观为"真实"利益"，因为唯有正观，才能得真实的自利利他。(十九)这样的法船，运众生从此（岸）到彼（岸），又从彼还来此岸，"不著"于生死涅槃的"二边"，无尽地利济众生。（二十）"有"无量法门的"因缘法"，圆满究竟，所以能"为"众生作"安隐"，能得安乐。上来二十句，以佛法喻船的一切；以船喻佛法的救度众生。

　　菩萨应修学佛法，从生死海中度脱众生，如船一样。而修学法门得成就的人——菩萨，就如船主一样。上面说明了法船，以下要说法船的主导者。菩萨怎样宣传号召，引导众生来同登法船呢？"大乘"菩萨具备了"广博"的"无尽辩才"，这对于折伏外道、化导愚蒙，是非常重要的。经说四无碍解：法无碍解，义无碍解，词无碍解，乐说无碍解。有了这四无碍解，才能说法的辩才无尽。这样的大菩萨，真的无人不知。菩萨有了这样的功德，所以德声"广布，名闻"十方，也就因此"能济"度"十方一切众生"。菩萨以此法船度众生时，"自"己宣"唱"佛法说："来！"大家来登"上"这佛"法"的大"船"！大家如登上这法船，就是皈依三宝，依法修学。这样，生死苦海中的众生，就能"从安隐"（与稳同）的正"道"，一直前进，而"至于涅槃"。这就是"度"脱"身见"——我见的此"岸"，而"至佛道"的彼"岸"。要知道不脱生死，只是我见系缚。有了我见，就是世间，就是生死，就是此岸。一切法空无我，是破除我见而入佛道的正道。所以要到佛彼岸，必须"离"我见为本的"一切见"。有我见，就有常见断见、一见异见、有见无见……六十二种见趣，如滋蔓丛生，不易清除。唯有截除我见根本，一切枝末的见趣，才从此永尽。断我见，离一切见的佛道，就是一切法空无我、无相、无愿、不生不灭、不取不舍的正法。菩萨以法船度众生，主要是宣扬正法，以正法来号召摄受众生，救脱众生于生死大海。

为众生学的法船普度，已如上广说。末了，结告"普明"菩萨："菩萨摩诃萨，应当修习"这样的"法船，以是法船"，在"无量百千万亿阿僧祇（无量数）劫"中，一直"在生死中，度脱漂没"于"长流"的"众生"。众生在生死流中，头出头没，如不遇佛法，永无了日，所以说长流。所说的无量百千万亿阿僧祇劫，举一极长的时间来说，其实菩萨的广度众生，是尽未来际，无穷无尽。菩萨应这样的度众生，就不能不为了众生而修习这样的法门。

丁四　速疾道学

又告普明："复有法行，能令菩萨疾得成佛。谓诸所行真实不虚，厚习善法。深心清净，不舍精进。乐欲近明，修习一切诸善根故。常正忆念，乐善法故。多闻无厌，具足慧故。破坏憍慢，增益智故。除灭戏论，具福德故。乐住独处，身心离故。不处愦闹，离恶人故。深求于法，依第一义故。求于智慧，通达实相故。求于真谛，得不坏法故。求于空法，所行正故。求于远离，得寂灭故。如是普明！是为菩萨疾成佛道。"

四、速疾道学：佛"又告普明"：此外，还"有"随法顺法的"法行，能令菩萨疾得成佛"。法门是这样的广大甚深，身命又如此的危脆难保！如未得法利而就死了，被可怜为"如入宝山空手回"。所以怎样的容易成佛，迅速成佛，为佛弟子的普遍要求。佛也就在这开示修学时，明白地提出了这一修学法。古人比喻：如船在港汊河渠中，一天不过行几十里，拉纤，摇桨，还是那么艰苦！如一旦船到大海，那时风帆饱满，被形容为"瞬息千里"。

修行也是这样：专在事相上修行，修行又难，功德又少。如能与法相应，心心流入法性大海，那就捷疾无比。《金刚经》说：释迦在燃灯佛处，悟入无生法忍，比之以前的久劫修行，是不能相比的。悟入法性，才能易疾成佛。虽然如来适应众生根性，说些易行易成法门，唯与法相应的法行，才是第一义悉檀。如说极乐世界种种庄严，为易行道。这是说极乐世界修行容易稳当，决定能不退转菩提心，并非说容易成佛。生了净土，还得修行，一直到得无生忍，才能通入法性大海，一帆风顺！还有些说欲乐为方便，容易成佛，那无非世界悉檀，以欲钩牵，使人乐于修学而已。又有些经文，为了懈怠众生，听说三大阿僧祇劫修行，就心怯引退。所以说三生、一生，即可成佛。那是对治悉檀。有的不知佛法人人可修，人人可成，怀疑自己。于是佛说一切众生有如来藏性，众生即佛；指心本净性为成佛因，以启发向上向善的菩提心，那是为人悉檀。然约究竟义说，唯般若与法相应，才能入法性海，疾成佛道。

佛说疾易成佛的修学，有十四句，分三：三根本、六要行、五求真实。三根本是直心、深心、菩提心，与《维摩诘经》所说的一样。（一）"所行真实不虚"，是直心。从现相说，真实不虚是心性质直，没有诡曲。约实质说，那是般若与真如相应；是正观诸法空性（《起信论》以正念真如为直心）。正观实相，法性本空，并非落空成病，而是以般若无所得为方便，所以能"厚集善法"，如《般若经》说，厚集是无边积集的意思。（二）深心：菩萨的大悲心，"深"彻骨髓。悲与般若相应（名为无缘大悲），悲"心清净"。虽法性空不可得，而以悲愿力，"不舍精进"，利益众生。

（三）菩提心：菩萨"乐欲"——志愿爱乐"近明"。明是菩提的觉明；近明是向于菩提，临近菩提，这是愿菩提心。以菩提心为本，"修习一切诸善根"。这直心、深心、菩提心，即大乘三要：菩提愿、大悲心、真空见。大乘法必备这三心，有三心才直向佛道。如离却三心，一切修行，都不名为大乘法了。

六要行是：（一）菩萨心恒"常正忆念"，如念佛、念法、念僧，念无常、无我，念法性本空、本净等。菩萨"乐"于"善法"，所以一心正念，常时现前。（二）"多闻"佛法而"无厌"足心。因法义甚深，广大无边，所以听法无厌，才能"具足"智"慧"。（三）菩萨应"破坏"自心的"憍慢"，谦卑和顺，这才不致得少为足，能"增益智"慧。（四）"除灭"一切爱见"戏论"，心在正道，所以能积集"具"足一切"福德"。否则大好时光，尽从戏论闲话中过去了。（五）"乐住独处"，这是"身心"远"离"取相，远离烦恼，所以无往而不寂静。（六）"不处愦闹"的地方。为什么喧嚣吵闹？只是有了不清净不如法的人。如远"离恶人"，那诸上善人共会一处，即使人天云集，也一样的安静呢！以上六行，仍着重为出家菩萨说。

五求真实：本着三心而行六行，以及六度等法门，而心心念念，唯求真实。（一）"深求于法"，"依第一义"而求，所求的是胜义法。如求世俗法、事相法，既非真实，也就不易成佛。（二）"求于智慧"：这不是世俗偏邪智慧，而是"通达实相"的如实智，即般若。（三）"求于真谛"：求那非虚妄、不倒乱的，这就是"得不坏法"。不坏法即法性常住，不变不异；得常法性，即一得永得，不再失坏了。（四）"求于空法"：这由于"所行"中"正"，正观正念而能悟入。(五)"求于远离":这是真远离,不起一切戏论,离烦恼,息生死,证"得"涅槃"寂灭"。这五求,只是求于智证空性,体实相而究竟寂灭。

"如是"的依三根本心,修六要行,求五真实,"普明"! 这就是"菩萨"速"疾成佛"的唯一要"道"了!

乙二　时众奉行

说是经时,普明菩萨、大迦叶等,诸天、阿修罗及世间人,皆大欢喜,顶戴奉行。

宝积法门的修行法,也已为普明菩萨说了。从始至终,法门圆满,即以时众奉行为总结。结集者叙述说:如来"说是"宝积"经时",始终圆满。大乘行者,如"普明菩萨"等。声闻行者,如"大迦叶等"。还有人天大众,如"诸天、阿修罗,及世间人"。凡在法会中见佛闻法的,莫不"皆大欢喜"。对于这宝积法门,看作最可尊贵的,"顶戴"高举,信"奉"而愿意实"行"。当时大众能顶戴奉行,自然能传持不绝,流通末世了!